Smaakvolle Serenades uit Italië
Een Hymne aan Authentieke Italiaanse Smaakbelevingen

Isabella DeLuca

INHOUDSOPGAVE

Gegrilde gemarineerde karbonades 9

Ribben, Friuliaanse stijl 11

Ribben met tomatensaus 13

Pittige ribben, Toscaanse stijl 15

Ribben en bonen 17

Pittige karbonades met ingelegde paprika 19

Varkenskoteletten met rozemarijn en appels 21

Varkenshaasjes met champignon- en tomatensaus 23

Varkenskoteletten met eekhoorntjesbrood en rode wijn 25

Varkenskoteletten met kool 27

Varkenshaasjes met venkel en witte wijn 29

Varkenskoteletten, pizza 31

Varkenshaasjes in Molic-stijl 33

Balsamico geglazuurde varkensfilet met rucola en parmigiano 35

Varkensfilet met kruiden 38

Varkensfilet op Calabrische wijze met honing en chili 40

Gebraden varkensvlees met aardappelen en rozemarijn 43

Citroen varkenslende 45

Varkenslende met appels en cognac 48

Geroosterd varkensvlees met hazelnoten en room 50

Toscaanse varkenshaas 53

Gebraden varkensschouder met venkel 55

Geroosterd varken 57

Gekruid varkensgebraad zonder been 60

Gegrilde varkensschouder in melk 63

Gestoofde varkensschouder met druiven 65

Varkensschouder met bier 67

Lamskoteletjes in witte wijn 69

Lamskoteletjes met kappertjes, citroen en salie 71

knapperige lamskoteletjes 73

Lamskoteletjes met artisjokken en olijven 75

Lamskoteletjes met tomatensaus, kappertjes en ansjovis 77

Lamskoteletjes "verbrand je vingers" 79

Gegrild lamsvlees, basilicum 81

Gegrilde lamsspiesjes 83

Lamsstoofpot met rozemarijn, munt en witte wijn 85

Umbrisch lamsvlees met kikkererwtenpuree 88

wild lam 91

Lams-, aardappel- en tomatenstoofpot 94

Lamsvlees en paprika 96

Lamsstoofpot met eieren 98

Lams- of geitenvlees met Siciliaanse aardappelen 101

Apulische lams- en aardappelstoofpot ... 104

Lamsboutjes met kikkererwten ... 107

Lamsboutjes met paprika en prosciutto ... 109

Lamsbouten met kappertjes en olijven ... 112

gebakken ui ... 114

Uien met balsamicoazijn ... 116

Gekonfijte rode ui ... 118

Salade van geroosterde rode biet en uien ... 120

Pareluitjes met honing en sinaasappel ... 122

Erwten met uien ... 124

Erwten met prosciutto en groene uien ... 126

Zoete erwten met salade en munt ... 128

Paaserwtensalade ... 130

geroosterde paprika ... 132

Salade van geroosterde paprika ... 134

Geroosterde paprika met uien en kruiden ... 135

Geroosterde paprika met tomaten ... 137

Paprika met balsamicoazijn ... 139

ingemaakte paprika's ... 141

Peper met amandelen ... 143

Paprika's met tomaten en uien ... 145

Gevulde paprika ... 147

Gevulde paprika's op Napolitaanse wijze ... 149

Gevulde paprika's, Ada Boni-stijl ... 152

Gebakken peper ... 154

Gestoofde paprika met courgette en munt ... 156

Terrine van geroosterde paprika en aubergine ... 158

zoetzure aardappelen ... 161

Aardappelen met balsamicoazijn ... 163

Venetiaanse aardappelen ... 165

"Gepofte" aardappelen ... 167

Geroosterde aardappelen en paprika ... 169

Aardappelpuree met peterselie en knoflook ... 171

Nieuwe aardappelen met kruiden en spek ... 173

Aardappelen met tomaten en uien ... 175

Geroosterde aardappelen met knoflook en rozemarijn ... 177

Gebakken aardappelen met champignons ... 179

Aardappelen en bloemkool in basiliekstijl ... 181

Aardappelen en kool in een pan ... 183

Aardappel- en spinazietaart ... 185

Napolitaanse aardappelkroketten ... 188

Papa's Napolitaanse Aardappeltaart ... 191

gebakken tomaten ... 194

gestoomde tomaten ... 196

gebakken tomaat 197

Farro Gevulde Tomaten 199

Romeinse gevulde tomaten 201

Geroosterde tomaten met balsamicoazijn 203

carpaccio van courgette 205

Courgette met knoflook en munt 207

bak de courgette 209

Courgette met prosciutto 211

Courgette met Parmezaanse kruimels 213

courgette gegratineerd 215

Gegrilde gemarineerde karbonades

Braciole di Maiale ai Ferri

Voor 6 maaltijden

Dit is een geweldig recept voor snelle zomerdiners. Om te controleren of de karbonades gaar zijn, maak je een klein sneetje vlakbij het bot. Het vlees mag nog een beetje roze zijn.

1 kopje droge witte wijn

1/4 kop olijfolie

1 kleine ui, in dunne plakjes gesneden

1 fijngehakt teentje knoflook

1 eetlepel gehakte verse rozemarijn

1 eetlepel gehakte verse salie

6 in het midden gesneden varkenskarbonades, ongeveer ¼ inch dik

Citroenschijfjes, ter decoratie

1. Combineer de wijn, olie, ui, knoflook en kruiden in een braadpan die groot genoeg is om de karbonades in één laag te houden.

Voeg de karbonades toe, dek af en laat minimaal 1 uur in de koelkast staan.

2. Plaats de grill of grill ongeveer 5 centimeter van de warmtebron. Verwarm de grill of grill voor. Dep de steaks droog met keukenpapier.

3. Grill het vlees gedurende 5 tot 8 minuten of tot het goed bruin is. Draai de karbonades om met een tang en bak ze aan de andere kant gedurende 6 minuten, of tot ze goudbruin en lichtroze zijn wanneer ze bij het bot worden doorgesneden. Serveer warm, gegarneerd met partjes citroen.

Ribben, Friuliaanse stijl

Spitatuur Maiale alla Friulana

Voor 4 tot 6 maaltijden

Bij Fruili worden de ribben zo lang gestoofd dat het vlees zacht wordt en van het bot valt. Serveer ze met aardappelpuree of een eenvoudige risotto.

2 zelfgemaakte kopjesVleessoepof in de winkel gekochte runderbouillon

3 pond varkensribbetjes, in individuele ribben gesneden

³1/4 kopje bloem voor alle doeleinden

Zout en versgemalen zwarte peper

3 eetlepels olijfolie

1 grote ui, gehakt

2 middelgrote wortels, gehakt

¹1/2 kopje droge witte wijn

1. Bereid indien nodig de soep. Droog de ribben met keukenpapier.

2. Meng op een stuk vetvrij papier de bloem, zout en peper naar smaak. Rol de ribben door de bloem en schud om het overtollige te verwijderen.

3. Verhit de olie in een brede, zware pan op middelhoog vuur. Voeg zoveel ribben toe als comfortabel in één laag passen en schroei goed aan alle kanten, ongeveer 15 minuten. Leg de ribben op een bord. Herhaal dit totdat alle ribben goudbruin zijn. Giet alles af, behalve 2 eetlepels vet.

4. Voeg uien en wortels toe aan de pan. Kook, af en toe roerend, tot het licht goudbruin is, ongeveer 10 minuten. Voeg de wijn toe en kook gedurende 1 minuut. Schraap en roer eventuele gebruinde stukjes op de bodem van de pan met een houten lepel. Doe de ribben terug in de pan en voeg de bouillon toe. Kook de vloeistof. Zet het vuur laag, dek af en kook, af en toe roerend, ongeveer 1 1/2 uur, of tot het vlees heel zacht is en van het bot begint te vallen. (Als het vlees te droog is, voeg dan water toe.)

5. Leg de ribben op een warme serveerschaal en serveer onmiddellijk.

Ribben met tomatensaus

Spuntatura voor Pomodoro

Voor 4 tot 6 maaltijden

Mijn man en ik aten dit soort ribben in een favoriete osteria, een informeel familierestaurant in Rome genaamd Enoteca Corsi. Het is alleen geopend voor de lunch en het menu is zeer beperkt. Maar elke dag stroomt het vol met hordes werknemers van nabijgelegen kantoren, aangetrokken door de zeer eerlijke prijzen en het heerlijke lokale eten.

2 eetlepels olijfolie

3 pond varkensribbetjes, in individuele ribben gesneden

Zout en versgemalen zwarte peper

1 middelgrote ui, fijngehakt

1 middelgrote wortel, fijngehakt

1 jonge knolselderijrib, fijngehakt

2 teentjes knoflook, fijngehakt

4 salieblaadjes, gehakt

1/2 kopje droge witte wijn

2 kopjes ingeblikte geplette tomaten

1.Verhit de olie in een Nederlandse oven of een zware, brede koekenpan op middelhoog vuur. Voeg voldoende ribben toe om comfortabel in de pan te passen. Bak ze aan alle kanten goed, ongeveer 15 minuten. Leg de ribben op een bord. Bestrooi met zout en peper. Ga verder met de overige ribben. Als alles klaar is, gebruik je een lepel om alles behalve 2 eetlepels vet af te tappen.

2.Voeg de ui, wortels, selderij, knoflook en salie toe en kook tot ze zacht zijn, ongeveer 5 minuten. Voeg de wijn toe en laat 1 minuut sudderen, roer met een houten lepel en schraap en meng eventuele gebruinde stukjes op de bodem van de pan.

3.Doe de ribben terug in de pan. Voeg tomaten, zout en peper naar smaak toe. Kook gedurende 1 tot 1½ uur of tot de ribben zeer mals zijn en het vlees van het bot valt.

4.Doe de ribben en de tomatensaus op een serveerbord en serveer onmiddellijk.

Pittige ribben, Toscaanse stijl

Spuntatuur alla Toscana

Voor 4 tot 6 maaltijden

Met mijn vrienden van Lucini Olive Oil bezocht ik het huis van olijventelers in de Chianti-streek van Toscane. Onze groep journalisten lunchte in een olijfgaard. Na wat bruschetta en salami kregen we biefstuk, worst, ribben en groenten, allemaal geroosterd op wijnranken. De varkensribbetjes gemarineerd in een hartige dressing van olijfolie en gemalen kruiden waren mijn favoriet en we probeerden allemaal te raden wat er in de mix zat. Kaneel en venkel waren gemakkelijk, maar we waren allemaal verrast toen we hoorden dat steranijs een ander kruid was. Ik gebruik graag korte ribben voor dit recept, maar korte ribben zouden net zo goed werken.

2 steranijs

1 eetlepel venkelzaad

6 jeneverbessen, licht geplet met de zijkant van een zwaar mes

1 eetlepel fijn of koosjer zeezout

1 theelepel kaneel

1 theelepel fijngemalen zwarte peper

Een snufje gemalen rode peper

4 eetlepels olijfolie

4 pond babyruggen, in individuele ribben gesneden

1. Combineer de steranijs, venkel, jeneverbes en zout in een kruidenmolen of blender. Maal tot fijn, ongeveer 1 minuut.

2. Meng in een grote, ondiepe kom de inhoud van een kruidenmolen met de kaneel en rode en zwarte peper. Voeg olie toe en meng goed. Wrijf het mengsel over de ribben. Doe de ribben in een kom. Dek af met plasticfolie en zet 24 uur in de koelkast, af en toe roeren.

3. Plaats de grill of grill ongeveer 15 cm van de warmtebron. Verwarm de grill of grill voor. Dep de ribben droog, gril of braad ze vervolgens, en draai ze regelmatig, tot ze goudbruin en gaar zijn, ongeveer 20 minuten. Serveer warm.

Ribben en bonen

Puntini en Fagioli

Voor 6 maaltijden

Als ik weet dat ik een drukke week voor de boeg heb, maak ik graag dit soort stoofschotels. Ze worden alleen maar lekkerder als ze van tevoren worden bereid en alleen maar snel hoeven te worden opgewarmd om een heerlijk diner te bereiden. Serveer ze met gekookte groenten zoals spinazie of andijvie, of een groene salade.

2 eetlepels olijfolie

3 pond prime rib in landelijke stijl, in afzonderlijke ribben gesneden

1 gesnipperde ui

1 gehakte wortel

1 fijngehakt teentje knoflook

2 1/2 pond verse tomaten, geschild, zonder zaadjes en in blokjes gesneden, of 1 (28-ounce) blik in blokjes gesneden pelaten

1 takje rozemarijn (3 inch)

1 kopje water

Zout en versgemalen zwarte peper

3 kopjes gekookte of ingeblikte cannellinibonen of veenbessen, uitgelekt

1. Verhit de olie in een grote Nederlandse oven of een andere diepe, zware pan met een goed sluitend deksel op middelhoog vuur. Voeg voldoende ribben toe om comfortabel in de pan te passen. Bak ze aan alle kanten goed, ongeveer 15 minuten. Leg de ribben op een bord. Bestrooi met zout en peper. Ga verder met de overige ribben. Als alles klaar is, giet je op 2 eetlepels na alles vet erbij.

2. Voeg de ui, wortels en knoflook toe aan de pot. Kook, onder regelmatig roeren, tot de groenten gaar zijn, ongeveer 10 minuten. Voeg de ribben toe, daarna de tomaten, rozemarijn, water en zout en peper naar smaak. Kook en kook gedurende 1 uur.

3. Voeg de bonen toe, dek af en kook gedurende 30 minuten of tot het vlees zeer mals is en van het bot valt. Proef en pas kruiden aan. Serveer warm.

Pittige karbonades met ingelegde paprika

Braciole di Maiale met peperoncini

Voor 4 porties

Ingemaakte hete pepers en ingelegde paprika's zijn goede toppings voor sappige karbonades. Pas de verhoudingen van chili en paprika naar wens aan. Serveer ze met frietjes.

2 eetlepels olijfolie

4 karbonades, in het midden gesneden, elk ongeveer 1 cm dik

Zout en versgemalen zwarte peper

4 teentjes knoflook, in dunne plakjes gesneden

1½ kopjes gesneden ingemaakte paprika's

¼ kopje gesneden ingelegde pepperoni, zoals peroncini of jalapeños, of verschillende paprika's

2 eetlepels escabeche-sap of witte wijnazijn

2 eetlepels gehakte verse peterselie

1. Verhit de olie in een grote, zware koekenpan op middelhoog vuur. Dep de karbonades droog met keukenpapier en bestrooi

ze vervolgens met zout en peper. Kook de karbonades tot ze goudbruin zijn, ongeveer 2 minuten, draai ze dan om met een tang en bak ze aan de andere kant, ongeveer 2 minuten.

2. Zet het vuur laag tot medium. Schik de plakjes knoflook rond de karbonades. Dek de pan af en kook gedurende 5 tot 8 minuten, of tot de karbonades zacht zijn en lichtroze wanneer ze bij het bot worden gesneden. Pas het vuur zo aan dat de knoflook niet bruin wordt. Leg de karbonades op een serveerschaal en dek af om warm te blijven.

3. Voeg zoete en hete pepers en augurkensap of azijn toe aan de pan. Kook al roerend gedurende 2 minuten of tot de paprika's zijn opgewarmd en de sappen stroperig zijn.

4. Voeg peterselie toe. Giet de inhoud van de pan over de karbonades en serveer onmiddellijk.

Varkenskoteletten met rozemarijn en appels

Braciole al Mele

Voor 4 porties

De zoetzure smaak van appels past perfect bij varkenskarbonades. Dit recept komt uit Friuli-Venezia Giulia.

4 in het midden gesneden varkenskarbonades, elk ongeveer 1 cm dik

Zout en versgemalen zwarte peper

1 eetlepel gehakte verse rozemarijn

1 eetlepel ongezouten boter

4 Golden Delicious-appels, geschild en in stukken van 1/2 inch gesneden

½ kopje Kippensoep

1. Droog het vlees met keukenpapier. Bestrooi beide kanten van de karbonades met zout, peper en rozemarijn.

2. Smelt de boter in een grote, zware koekenpan op middelhoog vuur. Voeg de karbonades toe en kook tot ze aan één kant goed bruin zijn, ongeveer 2 minuten. Draai de karbonades met een tang en bak ze aan de andere kant ongeveer 2 minuten.

3. Verdeel de appels over de schnitzels en giet de soep erover. Dek de pan af en zet het vuur lager. Kook gedurende 5 tot 10 minuten, draai de steaks één keer, tot ze zacht zijn en lichtroze wanneer ze bij het bot worden gesneden. Serveer onmiddellijk.

Varkenshaasjes met champignon- en tomatensaus

Costolette di Maiale met Funghi

Voor 4 porties

Let bij het kopen van karbonades op vergelijkbare maten en diktes, zodat ze gelijkmatig gaar worden. Witte champignons, wijn en tomaten vormen de saus voor deze karbonades. Dezelfde behandeling is ook goed voor kalfskoteletten.

4 eetlepels olijfolie

4 karbonades, in het midden gesneden, elk ongeveer 1 cm dik

Zout en versgemalen zwarte peper

1 1/2 kopje droge witte wijn

1 kopje in blokjes gesneden verse of ingeblikte tomaten

1 eetlepel gehakte verse rozemarijn

1 pakje (12 ons) witte champignons, licht gewassen, geschild en gehalveerd of in vieren gesneden als ze groot zijn

1. Verhit 2 eetlepels olie in een grote, zware koekenpan op middelhoog vuur. Bestrooi de karbonades met zout en peper. Schik de schnitzels in een enkele laag in de pan. Kook tot het aan één kant goed bruin is, ongeveer 2 minuten. Draai de karbonades met een tang en bak ze aan de andere kant ongeveer 1 tot 2 minuten. Leg de schnitzels op een bord.

2. Voeg de wijn toe aan de pan en breng aan de kook. Voeg tomaten, rozemarijn en zout en peper naar smaak toe. Dek af en kook gedurende 10 minuten.

3. Verhit ondertussen de resterende 2 eetlepels olie in een middelgrote koekenpan op middelhoog vuur. Voeg champignons, zout en peper naar smaak toe. Kook, onder regelmatig roeren, tot de vloeistof is verdampt en de champignons goudbruin zijn, ongeveer 10 minuten.

4. Doe de karbonades terug in de pan met de tomatensaus. Voeg champignons toe. Dek af en kook nog eens 5 tot 10 minuten, of tot het varkensvlees gaar is en de saus enigszins dik is. Serveer onmiddellijk.

Varkenskoteletten met eekhoorntjesbrood en rode wijn

Costolette met funghi en wijn

Voor 4 porties

Geschroeide karbonades of andere stukken vlees voegen smaak toe en verbeteren hun uiterlijk. Dep steaks altijd droog voordat u ze grilt, omdat vocht op het oppervlak ervoor zorgt dat het vlees stoomt in plaats van bruin wordt. Na het frituren worden deze schnitzels gestoofd met gedroogde eekhoorntjesbrood en rode wijn. Een vleugje slagroom geeft de saus een zachte textuur en rijke smaak.

1 ons gedroogde eekhoorntjesbrood

½ kopje warm water

2 eetlepels olijfolie

4 karbonades, gehalveerd, ongeveer 1 cm dik

Zout en versgemalen zwarte peper

1 1/2 kopje droge rode wijn

1/4 kop zware room

1. Doe de champignons in een kom met water. Laat 30 minuten staan. Haal de champignons uit de vloeistof en spoel ze goed af onder stromend water. Let vooral op de onderkant van de stengels, waar zich vuil ophoopt. Giet af en hak het vervolgens goed fijn. Giet de weekvloeistof door een papieren zeef met koffiefilter in een kom.

2. Verhit de olie in een grote pan op middelhoog vuur. Droge karbonades. Schik de schnitzels in een enkele laag in de pan. Kook tot het goed bruin is, ongeveer 2 minuten. Draai de karbonades met een tang en bak ze aan de andere kant ongeveer 1 tot 2 minuten. Bestrooi met zout en peper. Leg de schnitzels op een bord.

3. Voeg de wijn toe aan de pan en laat 1 minuut koken. Voeg de eekhoorntjesbrood en hun weekvocht toe. Zet het vuur laag. Kook gedurende 5 tot 10 minuten of tot de vloeistof is verminderd. Voeg de room toe en kook nog 5 minuten.

4. Doe de steaks terug in de pan. Kook nog eens 5 minuten of tot de karbonades gaar zijn en de saus is ingedikt. Serveer onmiddellijk.

Varkenskoteletten met kool

Costolette di Maiale met Cavol Rosso

Voor 4 porties

De balsamicoazijn geeft kleur en zoetheid aan de rode kool en zorgt voor een mooie balans in het varkensvlees. Voor dit recept is het niet nodig om oude balsamicoazijn te gebruiken. Bewaar om te gebruiken als smaakmaker voor kaas of gekookt vlees.

2 eetlepels olijfolie

4 karbonades, gehalveerd, ongeveer 1 cm dik

Zout en versgemalen zwarte peper

1 grote ui, gehakt

2 grote teentjes knoflook, fijngehakt

2 kilo rode kool, in dunne reepjes gesneden

1/4 kopje balsamicoazijn

2 eetlepels water

1. Verhit de olie in een grote pan op middelhoog vuur. Dep de steaks droog met keukenpapier. Voeg de karbonades toe aan de pan. Kook tot het goed bruin is, ongeveer 2 minuten. Draai het vlees om met een tang en bak de andere kant nog ongeveer 1 tot 2 minuten. Bestrooi met zout en peper. Leg de schnitzels op een bord.

2. Voeg de ui toe aan de pan en kook 5 minuten. Voeg de knoflook toe en bak nog 1 minuut.

3. Voeg kool, balsamicoazijn, water en zout naar smaak toe. Dek af en kook, af en toe roerend, tot de kool gaar is, ongeveer 45 minuten.

4. Voeg de karbonades toe aan de pan en kook, nog ongeveer 5 minuten, één of twee keer in de saus draaiend, tot het vlees gaar is en lichtroze als het bij het bot wordt gesneden. Serveer onmiddellijk.

Varkenshaasjes met venkel en witte wijn

Braciole di Maiale al Vino

Voor 4 porties

Als deze karbonades gaar zijn, zit er niet veel saus meer in de pan, alleen een eetlepel of twee geconcentreerd glazuur om het vlees te bevochtigen. Als je liever geen venkelzaad gebruikt, vervang het dan door een eetlepel verse rozemarijn.

2 eetlepels olijfolie

4 karbonades, gehalveerd, ongeveer 1 cm dik

1 teentje knoflook, licht geplet

Zout en versgemalen zwarte peper

2 theelepels venkelzaad

1 kopje droge witte wijn

1. Verhit de olie in een grote koekenpan op middelhoog vuur. Droge varkenskarbonades. Voeg de karbonades en knoflook toe aan de pan. Kook tot de karbonades goudbruin zijn, ongeveer 2 minuten. Bestrooi met venkelzaad en zout en peper. Draai de

karbonades met een tang en bak ze aan de andere kant ongeveer 1 tot 2 minuten.

2. Giet de wijn erbij en laat koken. Dek af en kook gedurende 3 tot 5 minuten, of tot de karbonades gaar zijn en lichtroze wanneer ze bij het bot worden gesneden.

3. Leg de karbonades op een bord en gooi de knoflook weg. Kook de sappen tot ze dikker worden. Giet het sap over de karbonades en serveer onmiddellijk.

Varkenskoteletten, pizza

Braciole alla Pizzaiola

Voor 4 porties

In Napels kunnen varkenskarbonades en kleine steaks ook alla pizzaiola, in pizzastijl, worden bereid. De saus wordt meestal als voorgerecht over spaghetti geserveerd. Koteletten worden geserveerd als tweede gang met een groene salade. Er moet voldoende saus zijn voor een halve kilo spaghetti, met een lepel of meer om bij de karbonades te serveren.

2 eetlepels olijfolie

4 varkensribbetjes, ongeveer 1 cm dik

Zout en versgemalen zwarte peper

2 grote teentjes knoflook, fijngehakt

1 blik (28 ons) gepelde tomaten, uitgelekt en in blokjes gesneden

1 theelepel gedroogde oregano

1 snufje gemalen rode peper

2 eetlepels gehakte verse peterselie

1. Verhit de olie in een grote pan op middelhoog vuur. Dep de karbonades droog en bestrooi ze met peper en zout. Voeg de karbonades toe aan de pan. Kook tot de karbonades goudbruin zijn, ongeveer 2 minuten. Draai de karbonades met een tang en bak ze aan de andere kant ongeveer 2 minuten. Leg de schnitzels op een bord.

2. Voeg de knoflook toe aan de pan en kook 1 minuut. Voeg tomaten, oregano, rode peper en zout naar smaak toe. Kook de saus. Kook, af en toe roerend, gedurende 20 minuten of tot de saus dik is.

3. Doe de karbonades terug in de saus. Kook gedurende 5 minuten, draai de karbonades één of twee keer, tot ze gaar zijn en lichtroze wanneer ze bij het bot worden gesneden. Bestrooi met peterselie. Serveer onmiddellijk of, als u spaghettisaus gebruikt, bedek de karbonades met aluminiumfolie om ze warm te houden.

Varkenshaasjes in Molic-stijl

Pampanella Sammartinese

Voor 4 porties

Deze karbonades zijn pittig en ongebruikelijk. Er waren tijden dat de chefs van Molise zelf zoete rode pepers in de zon droogden om er paprika van te maken. Momenteel wordt in Italië commercieel geproduceerde paprika gebruikt. Gebruik in de Verenigde Staten paprika's die uit Hongarije zijn geïmporteerd voor de beste smaak.

Het grillen van varkenskarbonades is lastig omdat ze zo snel kunnen uitdrogen. Houd ze goed in de gaten en kook alleen tot het vlees lichtroze is op het bot.

¼ kopje paprikapoeder

2 fijngehakte teentjes knoflook

1 theelepel zout

gemalen rode peper

2 eetlepels witte wijnazijn

4 karbonades, gehalveerd, ongeveer 1 cm dik

1. Meng in een kleine kom de paprika, knoflook, zout en een grote snuf gemalen rode peper. Voeg de azijn toe en roer tot een gladde massa. Schik de schnitzels op een bord en bestrijk ze allemaal met pasta. Dek af en zet 1 uur tot een nacht in de koelkast.

2. Plaats de grill of grill ongeveer 15 cm van de warmtebron. Verwarm de grill of grill voor. Kook de karbonades tot ze aan één kant bruin zijn, ongeveer 6 minuten, draai het vlees dan om met een tang en kook de andere kant, ongeveer 5 minuten. Snijd de karbonades dicht bij het bot; het vlees moet lichtroze zijn. Serveer onmiddellijk.

Balsamico geglazuurde varkensfilet met rucola en parmigiano

Maiale al Balsamico met Insalata

Voor 6 maaltijden

Varkenshaasjes zijn snel gaar en bevatten weinig vet. Hier worden geglazuurde varkenskarbonades gecombineerd met een knapperige rucolasalade. Als je geen rucola kunt vinden, vervang deze dan door waterkers.

2 varkenshaasjes (elk ongeveer 1 pond)

1 fijngehakt teentje knoflook

1 eetlepel balsamicoazijn

1 theelepel honing

Zout en versgemalen zwarte peper

Salade

2 eetlepels olijfolie

1 eetlepel balsamicoazijn

Zout en versgemalen zwarte peper

6 kopjes gehakte rucola, gewassen en gedroogd

Een stukje Parmigiano-Reggiano

1. Plaats het rooster in het midden van de oven. Verwarm de oven voor op 200°C. Vet een ovenschaal in die groot genoeg is voor het varkensvlees.

2. Dep het varkensvlees droog met keukenpapier. Vouw de dunne uiteinden naar beneden voor een gelijkmatige dikte. Leg de filets met een onderlinge afstand van 1 cm in de ovenschaal.

3. Meng in een kleine kom de knoflook, azijn, honing en zout en peper naar smaak.

4. Bestrijk het vlees met het mengsel. Plaats het varkensvlees in de oven en bak gedurende 15 minuten. Giet een half kopje water rond het vlees. Rooster nog eens 10 tot 20 minuten of tot ze goudbruin en zacht zijn. (Het varkensvlees is gaar als de interne temperatuur 150 ° F bereikt op een direct afleesbare thermometer.) Haal het varkensvlees uit de oven. Laat het in de pan liggen en laat het minimaal 10 minuten rusten.

5. Meng in een grote kom de olie, azijn, zout en peper naar smaak. Rucola toevoegen en afdekken met dressing. Leg de rucola in het midden van een groot bord of op losse borden.

6. Snijd het varkensvlees in dunne plakjes en schik rond de groenten. Besprenkel met pannensap. Snij met een roterende dunschiller dunne plakjes Parmigiano-Reggiano over de rucola. Serveer onmiddellijk.

Varkensfilet met kruiden

Filetto di Maiale alle Erbe

Voor 6 maaltijden

Varkenshaasjes zijn nu verkrijgbaar, meestal per twee verpakt. Ze zijn mager en zacht, zo niet te gaar, hoewel de smaak erg mild is. Door te grillen krijgen ze meer smaak en kunnen ze warm of op kamertemperatuur worden geserveerd.

2 varkenshaasjes (elk ongeveer 1 pond)

2 eetlepels olijfolie

2 eetlepels gehakte verse salie

2 eetlepels gehakte verse basilicum

2 eetlepels gehakte verse rozemarijn

1 fijngehakt teentje knoflook

Zout en versgemalen zwarte peper

1. Droog het vlees met keukenpapier. Schik de varkensfilets op een bord.

2. Meng in een kleine kom de olie, kruiden, knoflook en zout en peper naar smaak. Wrijf het mengsel over de filets. Dek af en zet minimaal 1 uur of een hele nacht in de koelkast.

3. Verwarm de grill of grill voor. Grill de koteletten gedurende 7 tot 10 minuten of tot ze bruin zijn. Draai het vlees om met een tang en kook nog eens 7 minuten, of totdat een direct afleesbare thermometer in het midden 150 ° F aangeeft. Bestrooi met zout. Laat het vlees 10 minuten rusten alvorens het aan te snijden. Serveer warm of op kamertemperatuur.

Varkensfilet op Calabrische wijze met honing en chili

'ncantarata-vlees

Voor 6 maaltijden

Meer dan in welke andere regio van Italië verwerken Calabrische chef-koks ook chilipepers in hun gerechten. Spaanse pepers worden vers, gedroogd, gemalen of geplet tot vlokken of poeder, zoals paprika of cayennepeper.

In Castrovillari aten mijn man en ik in het elegante restaurant en landherberg Locanda di Alia. Het bekendste restaurant in de regio wordt gerund door de gebroeders Alia. Gaetano is de kok terwijl Pinuccio voor het huis zorgt. Hun specialiteit is varkensvlees gemarineerd met venkel en chili in een honing-chilisaus. Pinuccio legde uit dat het recept, dat minstens tweehonderd jaar oud is, is gemaakt van gezouten varkensvlees dat maandenlang is gezouten en gedroogd. Dit is een eenvoudigere manier.

Venkelpollen zijn te vinden in veel speciaalzaken voor kruiden en specerijen. (ZienBronnen.) Gemalen venkelzaad kan worden gebruikt als er geen stuifmeel beschikbaar is.

2 varkenshaasjes (elk ongeveer 1 pond)

2 eetlepels honing

1 theelepel zout

1 theelepel venkelpollen of gemalen venkelzaad

Een snufje gemalen rode peper

1/2 kop sinaasappelsap

2 eetlepels paprikapoeder

1. Plaats het rooster in het midden van de oven. Verwarm de oven voor op 425 ° F. Vet een ovenschaal in die groot genoeg is voor het varkensvlees.

2. We buigen de dunne uiteinden van de stengels hieronder om ze gelijkmatig dik te maken. Leg de filets met een onderlinge afstand van 1 cm in de ovenschaal.

3. Meng in een kleine kom de honing, het zout, het venkelpollen en de gemalen rode peper. Bestrijk het vlees met het mengsel. Plaats het varkensvlees in de oven en bak gedurende 15 minuten.

4. Giet sinaasappelsap rond het vlees. Rooster nog eens 10 tot 20 minuten of tot ze goudbruin en zacht zijn. (Het varkensvlees is gaar als de interne temperatuur 150 ° F bereikt op een direct afleesbare thermometer.) Leg het varkensvlees op een snijplank. Dek af met aluminiumfolie en houd warm terwijl je de saus klaarmaakt.

5. Zet de pan op middelhoog vuur. Voeg de paprika toe en kook gedurende 2 minuten, waarbij je de bodem van de pan schraapt.

6. Snijd het varkensvlees in plakjes en serveer met de saus.

Gebraden varkensvlees met aardappelen en rozemarijn

Arista di Maiale met aardappelen

Voor 6 tot 8 porties

Iedereen houdt van dit varkensgebraad; Het is gemakkelijk te maken en de aardappelen laten de smaken van het varkensvlees doordringen terwijl ze in dezelfde pan worden gekookt. Onweerstaanbaar.

1 in het midden gesneden varkenslende zonder been (ongeveer 3 pond)

2 eetlepels gehakte verse rozemarijn

2 eetlepels gehakte verse knoflook

4 eetlepels olijfolie

Zout en versgemalen zwarte peper

2 pond nieuwe aardappelen, indien groot, gehalveerd of in vieren

1. Plaats het rooster in het midden van de oven. Verwarm de oven voor op 425 ° F. Vet een bakvorm in die groot genoeg is om het

varkensvlees en de aardappelen in te bewaren, zonder dat deze zich ophopen.

2. Maak in een kleine kom een pasta met de rozemarijn, knoflook, 2 eetlepels olie en een ruime hoeveelheid zout en peper. Doe de aardappelen in de pan met de resterende 2 eetlepels olie en de helft van de knoflookpasta. Duw de aardappelen opzij en plaats het vlees met de vetkant naar boven in het midden van de pan. Wrijf of verdeel de rest van de pasta over het vlees.

3. Rooster gedurende 20 minuten. Draai de aardappelen om. Zet het vuur lager tot 350 °F. Bak nog 1 uur en draai de aardappelen elke 20 minuten. Het vlees is gaar wanneer de interne temperatuur van het varken 150°F bereikt op een direct afleesbare thermometer.

4. Breng het vlees over naar een snijplank. Dek losjes af met aluminiumfolie en laat 10 minuten rusten. De aardappelen moeten goudbruin en zacht zijn. Verhoog indien nodig het vuur en kook ze nog een beetje.

5. Snijd het vlees in plakjes en leg het op een hete plaat omringd door aardappelen. Serveer warm.

Citroen varkenslende

Maiale met citroen

Voor 6 tot 8 porties

Gebraden varkenslende met citroenschil is een geweldig zondagsdiner. Ik serveer het met langzaam gegaarde cannellini en groene groenten zoals broccoli of spruitjes.

Het beboteren van een filet is vrij eenvoudig zelf te doen als je de instructies volgt; laat anders de slager het regelen.

1 in het midden gesneden varkenslende zonder been (ongeveer 3 pond)

1 theelepel citroenschil

2 teentjes knoflook, fijngehakt

2 eetlepels gehakte verse peterselie

2 eetlepels olijfolie

Zout en versgemalen zwarte peper

1/2 kopje droge witte wijn

1. Plaats het rooster in het midden van de oven. Verwarm de oven voor op 425 °F. Vet een ovenschaal in die groot genoeg is om het vlees in te bewaren.

2. Meng in een kleine kom de citroenschil, knoflook, peterselie, olie en zout en peper naar smaak.

3. Droog het vlees met keukenpapier. Om van het varken een vlinder te maken, plaats je het op een snijplank. Snijd het varkensvlees met een lang, scherp mes, zoals een uitbeenmes of een koksmes, in de lengte bijna doormidden en stop ongeveer 3/4 inch van één lange kant. Open het vlees als een boek. Verdeel het citroen-knoflookmengsel over de vleeskant. Rol het varkensvlees op als een worst en bind het vast met keukentouw op intervallen van 2 inch. Bestrooi de buitenkant met zout en peper.

4. Leg het vlees met de vetkant naar boven in de voorbereide pan. Rooster gedurende 20 minuten. Zet het vuur lager tot 350 °F. Bak nog eens 40 minuten. Voeg de wijn toe en rooster nog eens 15 tot 30 minuten, of tot de temperatuur op een direct afleesbare thermometer 150 °F bereikt.

5. Breng het gebraad over naar een snijplank. Dek het vlees losjes af met aluminiumfolie. Laat 10 minuten rusten voordat u gaat

snijden. Zet de pan op middelhoog vuur op het vuur en laat het panvocht iets inkoken. Snijd het varkensvlees in plakjes en leg het op een serveerschaal. Giet het sap over het vlees. Serveer warm.

Varkenslende met appels en cognac

Maiale van Mele

Voor 6 tot 8 porties

Appels en uien gecombineerd met cognac en rozemarijn geven smaak aan deze heerlijke gebraden lendestuk uit Friuli-Julia.

1 in het midden gesneden varkenslende zonder been (ongeveer 3 pond)

1 eetlepel gehakte verse rozemarijn, plus meer voor garnering

Zout en versgemalen zwarte peper

2 eetlepels olijfolie

2 Granny Smith of andere zure appels, geschild en in dunne plakjes gesneden

1 kleine ui, in dunne plakjes gesneden

¼ kopje cognac of cognac

1/2 kopje droge witte wijn

1. Plaats het rooster in het midden van de oven. Verwarm de oven voor op 350 ° F. Vet een ovenschaal licht in die groot genoeg is om het vlees in te bewaren.

2. Wrijf het varkensvlees in met rozemarijn, peper en zout naar smaak en olijfolie. Leg het vlees in de pan, met de vetkant naar boven, en omring het met plakjes appel en ui.

3. Giet cognac en wijn over het vlees. Grill gedurende 1 uur en 15 minuten of totdat een direct afleesbare thermometer in het midden 150 ° F aangeeft. Leg het vlees op een snijplank en dek af met folie om het warm te houden.

4. Appels en uien moeten zacht zijn. Als dit niet het geval is, plaatst u de pan terug in de oven en bakt u nog eens 15 minuten.

5. Als de appels en uien zacht zijn, pureer je ze in een keukenmachine of blender. Pureer tot een gladde massa. (Voeg indien nodig een eetlepel of twee warm water toe om het mengsel te verdunnen.)

6. Snijd het vlees in plakjes en leg het op een verwarmd bord. Zet de appel- en uienpuree opzij. Garneer met verse rozemarijn. Serveer warm.

Geroosterd varkensvlees met hazelnoten en room

Arrosto di Maiale alle Nocciole

Voor 6 tot 8 porties

Dit is een versie van het recept voor Piemonte Roast Pork dat voor het eerst verscheen in mijn boek Italian Christmas Cooking. Hier verrijkt de room samen met de hazelnoten de saus.

1 in het midden gesneden varkenslende zonder been (ongeveer 3 pond)

2 eetlepels gehakte verse rozemarijn

2 grote teentjes knoflook, fijngehakt

2 eetlepels olijfolie

Zout en versgemalen zwarte peper

1 kopje droge witte wijn

½ kopje hazelnoten, geroosterd, geschild en grof gehakt (zieHoe walnoten te roosteren en te pellen)

1 zelfgemaakte kopVleessoepofKippensoep, of in de winkel gekochte kippen- of runderbouillon

1/2 kop zware room

1. Plaats het rooster in het midden van de oven. Verwarm de oven voor op 425 ° F. Vet een ovenschaal in die groot genoeg is om het vlees in te bewaren.

2. Meng in een kleine kom rozemarijn, knoflook, olie en zout en peper naar smaak. Leg het vlees met de vetkant naar boven in de pan. Wrijf het knoflookmengsel over het varkensvlees. Grill het vlees gedurende 15 minuten.

3. Giet de wijn over het vlees. Kook nog eens 45 tot 60 minuten, of tot het varkensvlees een temperatuur van 150 ° F bereikt op een direct afleesbare thermometer en het vlees zacht is als u er met een vork in prikt. Bereid ondertussen, indien nodig, de hazelnoten voor.

4. Breng het vlees over naar een snijplank. Dek af met aluminiumfolie om warm te houden.

5. Zet de pan op middelhoog vuur op het vuur en laat het sap koken. Giet de soep erbij en laat 5 minuten koken. Schraap de gebruinde stukjes op de bodem van de pan los en roer ze met een houten lepel. Voeg de room toe en laat sudderen tot het iets dikker is, nog ongeveer 2 minuten. Voeg gehakte noten toe en haal van het vuur.

6.Snijd het vlees in plakjes en leg de plakjes op een hete serveerschaal. Giet de saus over het varkensvlees en serveer warm.

Toscaanse varkenshaas

Maiale Ridge

Voor 6 tot 8 porties

Hier is een klassiek varkensgebraad in Toscaanse stijl. Als je het vlees met het bot kookt, wordt het veel lekkerder en zijn de botten ook nog eens heerlijk om van te knabbelen.

3 grote teentjes knoflook

2 eetlepels verse rozemarijn

Zout en versgemalen zwarte peper

2 eetlepels olijfolie

1 ribgebraad met botten, in het midden gesneden, ongeveer 4 pond

1 kopje droge witte wijn

1. Plaats het rooster in het midden van de oven. Verwarm de oven voor op 325 ° F. Vet een bakvorm in die groot genoeg is om het braadstuk te bevatten.

2. Snijd de knoflook en de rozemarijn heel fijn en doe ze in een kleine kom. Voeg zout en peper naar smaak toe en meng goed

tot een pasta. Leg de gebraden vetkant naar boven in de pan. Maak met een klein mes diepe sneden in de hele big en stop het mengsel in de sneden. Bestrijk het hele braadstuk met olijfolie.

3. Rooster gedurende 1 uur en 15 minuten of tot het vlees een interne temperatuur van 150°F bereikt op een direct afleesbare thermometer. Breng het vlees over naar een snijplank. Dek af met aluminiumfolie om warm te houden. Laat 10 minuten staan.

4. Zet de pan op laag vuur op de kookplaat. Voeg de wijn toe en kook, schraap en roer de gebruinde stukjes op de bodem van de pan met een houten lepel, tot ze iets zijn ingekookt, ongeveer 2 minuten. Giet de sappen door een zeef in een kom en verwijder het vet. Indien nodig opnieuw opwarmen.

5. Snijd het vlees in plakjes en leg het op een hete serveerschaal. Serveer warm met pan-sappen.

Gebraden varkensschouder met venkel

veranda

Voor 12 maaltijden

Dit is mijn kijk op het heerlijke geroosterde varkensvlees dat bekend staat als verandatta en dat in heel Midden-Italië wordt verkocht, inclusief Lazio, Umbrië en Abruzzo. Varkensvleesplakken worden verkocht vanuit speciale vrachtwagens en je kunt ze op een broodje of in papier gewikkeld bestellen om mee naar huis te nemen. Hoewel het vlees heerlijk is, is de knapperige varkenshuid het beste deel.

Het braadstuk wordt lang en op hoge temperatuur gebakken omdat het erg compact is. Het hoge vetgehalte houdt het vlees vochtig en de huid bruin en knapperig. De varkensschouder kan vervangen worden door verse ham.

1 (7 pond) gebraden varkensschouder

8 tot 12 teentjes knoflook

2 eetlepels gehakte verse rozemarijn

1 eetlepel venkelzaad

1 eetlepel zout

1 theelepel versgemalen zwarte peper

1 1/4 kop olijfolie

1. Haal het vlees ongeveer 1 uur voordat u gaat grillen uit de koelkast.

2. Snijd de knoflook, rozemarijn, venkel en zout zeer fijn en doe de kruiden in een kleine kom. Voeg peper en olie toe tot een gladde pasta.

3. Maak met een klein mes een diepe snee in het oppervlak van het varken. Steek de pasta in de sleuven.

4. Plaats het rek in het onderste derde deel van de oven. Verwarm de oven voor op 350 ° F. Als u klaar bent, plaatst u het braadstuk in de oven en laat u het 3 uur koken. Verwijder overtollig vet met een lepel. Grill het vlees 1 tot 1 1/2 uur langer, of tot de temperatuur 160 ° F bereikt op een direct afleesbare thermometer. Als het vlees gaar is, is het vet knapperig en donkerbruin.

5. Breng het vlees over naar een snijplank. Dek af met aluminiumfolie om warm te houden en laat 20 minuten staan. Snijd en serveer warm of op kamertemperatuur.

Geroosterd varken

Maialino Arrosto

Voor 8 tot 10 porties

Een speenvarken is een varken dat geen voedsel voor volwassen varkens mocht consumeren. In de Verenigde Staten wegen biggen gewoonlijk tussen de 15 en 20 pond, hoewel ze in Italië half zo groot zijn. Zelfs bij het maximale gewicht zit er niet veel vlees in de borst, dus plan niet meer dan acht tot tien gasten te bedienen. Zorg er ook voor dat je een hele grote braadpan hebt voor het hele zoogdier, die ongeveer 30 centimeter lang zal zijn, en zorg ervoor dat je oven geschikt is voor de braadpan. Elke goede slager zou een vers speenvarken voor je moeten kunnen krijgen, maar doe je onderzoek voordat je plannen maakt.

Sardijnse chef-koks staan bekend om hun speenvarken, maar ik heb het op veel plaatsen in Italië gegeten. Degene die ik me het meest herinner was onderdeel van een onvergetelijke lunch in de wijnkelder van Majo di Norante in de Abruzzen.

1 speenvarken, ongeveer 15 pond

4 teentjes knoflook

2 eetlepels gehakte verse peterselie

1 eetlepel gehakte verse rozemarijn

1 eetlepel gehakte verse salie

1 theelepel gehakte jeneverbessen

Zout en versgemalen zwarte peper

6 eetlepels olijfolie

2 laurierblaadjes

1 kopje droge witte wijn

Appel, sinaasappel of ander fruit ter decoratie (optioneel)

1. Plaats het rek in het onderste derde deel van de oven. Verwarm de oven voor op 425 ° F. Vet een ovenschaal in die groot genoeg is voor het varkensvlees.

2. Was het varkensvlees van binnen en van buiten goed en droog het af met keukenpapier.

3. Hak de knoflook, peterselie, rozemarijn, salie en jeneverbessen fijn en doe de kruiden in een kleine kom. Voeg een ruime hoeveelheid zout en versgemalen peper toe. Voeg twee eetlepels olie toe.

4. Leg het varkensvlees op zijn kant op een groot braadrek in de voorbereide pan en verdeel het kruidenmengsel over de lichaamsholte. Voeg het laurierblad toe. Maak aan weerszijden van de ruggengraat een spleet van ongeveer een halve centimeter diep. Wrijf de resterende olie over het hele oppervlak van het varken. Bedek de oren en staart met aluminiumfolie. (Om een heel varken met een appel of ander fruit in zijn bek te serveren, houdt u de mond open met een balletje aluminiumfolie ter grootte van het fruit.) Breng de buitenkant op smaak met zout en peper.

5. Grill het varkensvlees gedurende 30 minuten. Zet het vuur lager tot 350 ° F. Blus af met wijn. Rooster 2 tot 2½ uur langer, of totdat een direct afleesbare thermometer in het vlezige deel van de romp 170 ° F registreert. Bedruip elke 20 minuten met pannensap.

6. Breng het varkensvlees over naar een grote snijplank. Dek af met aluminiumfolie en laat 30 minuten rusten. Verwijder de folieafdekking en de foliebal uit uw mond als u deze gebruikt. Vervang de foliebal door fruit als je hem gebruikt. Breng over naar een serveerschaal en serveer warm.

7. Schep het vet uit de pan en breng aan de kook. Giet het sap over het vlees. Serveer onmiddellijk.

Gekruid varkensgebraad zonder been

Maiale in Porchetta

Voor 6 tot 8 porties

In veel delen van Midden-Italië wordt varkenslende zonder botten geroosterd met dezelfde kruiden die worden gebruikt voor verandatta (varkensvlees geroosterd aan het spit). Na een korte tijd koken op hoog vuur daalt de temperatuur van de oven, waardoor het vlees zacht en sappig blijft.

4 teentjes knoflook

1 eetlepel verse rozemarijn

6 verse salieblaadjes

6 jeneverbessen

1 theelepel zout

1/2 theelepel versgemalen zwarte peper

1 gebraden varkenslende zonder botten, in het midden gesneden, ongeveer 3 pond

Extra vergine olijfolie

1 kopje droge witte wijn

1. Plaats het rooster in het midden van de oven. Verwarm de oven voor op 200°C. Vet een ovenschaal in die groot genoeg is voor het varkensvlees.

2. Snijd de knoflook, rozemarijn, salie en jeneverbessen fijn. Meng het kruidenmengsel, zout en peper.

3. Snijd met een groot, scherp mes het vlees in de lengte doormidden en laat het aan één kant vastzitten. Open het vlees als een boek en bestrijk het vlees met tweederde van het kruidenmengsel. Sluit het vlees en bind het vast met touw met intervallen van 2 inch. Wrijf de rest van het kruidenmengsel aan de buitenkant. Doe het vlees in de pan. Besprenkel met olijfolie.

4. Grill het varkensvlees gedurende 10 minuten. Verlaag de temperatuur tot 300°F en braad nog eens 60 minuten of tot de interne temperatuur van het varkensvlees 150°F bereikt.

5. Leg het braadstuk op een serveerschaal en dek af met aluminiumfolie. Laat 10 minuten staan.

6. Voeg de wijn toe aan de pan en plaats op middelhoog vuur op de kookplaat. Kook en schraap eventuele bruine stukjes in de pan met een houten lepel, tot het sap is ingekookt en ingedikt. Snijd

het varkensvlees in plakjes en plaats het op de pan-sappen. Serveer warm.

Gegrilde varkensschouder in melk

Maiale al Latte

Voor 6 tot 8 porties

In Lombardije en Veneto worden kalfsvlees, varkensvlees en kip soms in melk gekookt. Hierdoor blijft het vlees mals en als het klaar is, wordt van de melk een romige bruine saus gemaakt die bij het vlees wordt geserveerd.

Groenten, spek en wijn voegen smaak toe. Ik gebruik voor dit gerecht een gebraden schouder of romp zonder botten, omdat het zich goed leent voor langzaam, vochtig koken. Het vlees wordt op het fornuis bereid, u hoeft de oven dus niet aan te zetten.

1 varkensschouder zonder bot of romp (ongeveer 3 pond)

4 ons fijngehakt spek

1 fijngesneden wortel

1 kleine rib van zachte bleekselderij

1 middelgrote ui, fijngehakt

1 liter melk

Zout en versgemalen zwarte peper

¹1/2 kopje droge witte wijn

1. Meng in een grote Nederlandse oven of een andere diepe, zware pan met een goed sluitend deksel het varkensvlees, het spek, de wortels, de selderij, de ui, de melk en zout en peper naar smaak. Breng de vloeistof op middelhoog vuur aan de kook.

2. Dek de pan gedeeltelijk af en kook op middelhoog vuur, af en toe draaiend, gedurende ongeveer 2 uur of tot het vlees zacht is als u er met een vork in prikt.

3. Breng het vlees over naar een snijplank. Dek af met aluminiumfolie om warm te houden. Verhoog het vuur onder de pan en kook tot de vloeistof is ingekookt en lichtbruin is. Giet de sappen door een zeef in een kom en giet de vloeistof terug in de pot

4. Giet de wijn in de pan en breng het aan de kook, gebruik een houten lepel om de gebruinde stukjes op te schrapen en erdoor te roeren. Snijd het varkensvlees in plakjes en leg het op een verwarmd bord. Giet het kookvocht erbovenop. Serveer warm.

Gestoofde varkensschouder met druiven

Maiale alle 'Uva

Voor 6 tot 8 porties

Varkensschouder of -lende is vooral goed om te smoren. Ondanks het lange koken blijft het lekker vochtig. Vroeger maakte ik dit Siciliaanse recept met varkenslende, maar nu vind ik de lende te mager en heeft de schouder meer smaak.

1 pond zilveruitjes

3 pond varkenslende zonder been, opgerold en vastgebonden

2 eetlepels olijfolie

Zout en versgemalen zwarte peper

1/4 kopje witte wijnazijn

1 pond pitloze, gesteelde groene druiven (ongeveer 3 kopjes)

1. Breng een grote pan water aan de kook. Voeg de ui toe en kook gedurende 30 seconden. Giet af en koel af onder koud stromend water.

2. Gebruik een scherp schilmesje om de toppen van de wortels af te scheren. Snij de uiteinden niet te diep, anders valt de ui uit elkaar tijdens het koken. Verwijder de vellen.

3. Verhit de olie in een Nederlandse oven die groot genoeg is om het vlees in te bewaren, of in een andere diepe, zware pan met een goed sluitend deksel, op middelhoog vuur. Dep het varkensvlees droog met keukenpapier. Doe het varkensvlees in de pan en braad het aan alle kanten ongeveer 20 minuten goed aan. Houd de pan schuin en schep het vet er met een lepel af. Bestrooi het varkensvlees met zout en peper.

4. Voeg de azijn toe en breng aan de kook, waarbij je alle gebruinde stukjes van de bodem van de pan schraapt. Voeg ui en 1 kopje water toe. Zet het vuur laag en laat 1 uur sudderen.

5. Voeg de druiven toe. Laat nog eens 30 minuten koken, of tot het vlees heel zacht is als je er met een vork in prikt. Breng het vlees over naar een snijplank. Dek af met aluminiumfolie om warm te houden en laat 15 minuten rusten.

6. Snijd het varkensvlees in plakjes en leg het op een verwarmd bord. Giet de druiven- en uiensaus erover en serveer onmiddellijk.

Varkensschouder met bier

Maiale alla Birra

Voor 8 maaltijden

Verse varkenslende wordt op deze manier gekookt in Trentino-Alto Adige, maar aangezien dit stuk niet overal verkrijgbaar is in de Verenigde Staten, gebruik ik dezelfde kruiden om de schouder met bot te bereiden. Aan het einde van het koken zal er veel vet zijn, maar dit kan gemakkelijk van het oppervlak van de kookvloeistof worden verwijderd. Het is nog beter als u het varkensvlees een dag voor het serveren kookt en het vlees en de kooksappen apart in de koelkast bewaart. Het vet hardt uit en kan gemakkelijk worden verwijderd. Verwarm het varkensvlees in het kookvocht voordat u het serveert.

5 tot 7 pond varkensschouder met bot (picknick of Boston-kont)

Zout en versgemalen zwarte peper

2 eetlepels olijfolie

1 middelgrote ui, fijngehakt

2 teentjes knoflook, fijngehakt

2 takjes verse rozemarijn

2 laurierblaadjes

12 ons bier

1. Dep het varkensvlees droog met keukenpapier. Bestrooi het vlees met zout en peper.

2. Verhit de olie in een grote Nederlandse oven of een andere diepe, zware pan met een goed sluitend deksel op middelhoog vuur. Doe het varkensvlees in de pan en schroei het aan alle kanten goed dicht, ongeveer 20 minuten. Snijd alles behalve 1 tot 2 eetlepels vet af.

3. Strooi de ui, knoflook, rozemarijn en laurier over het vlees en laat 5 minuten koken. Giet bier en laat het koken.

4. Dek de pan af en kook, waarbij u het vlees af en toe omdraait, gedurende 2½ tot 3 uur, of tot het vlees zacht is als u er met een mes in prikt.

5. Giet de sappen uit de pan en schep het vet af. Snijd het varkensvlees in plakjes en serveer met het pan-sap. Serveer warm.

Lamskoteletjes in witte wijn

Braciole di Agnello in witte wijn

Voor 4 porties

Hier is een eenvoudige manier om lamskoteletten te maken, die gemaakt kunnen worden met malse rug- of ribstukken of de stevigere maar veel goedkopere schouder. Voor de beste smaak verwijdert u het overtollige vet van het vlees en kookt u de karbonades tot ze in het midden roze zijn.

2 eetlepels olijfolie

8 lamsfilets of ribben, 1 cm dik, getrimd

4 teentjes knoflook, licht geplet

3 tot 4 takjes rozemarijn (2 inch)

Zout en versgemalen zwarte peper

1 kopje droge witte wijn

1. Verhit de olie in een koekenpan die groot genoeg is om de karbonades comfortabel in één laag te houden op middelhoog vuur. Als de olie heet is, dep je de karbonades droog. Bestrooi de karbonades met zout en peper en doe ze in de pan. Kook tot de

karbonades goudbruin zijn, ongeveer 4 minuten. Strooi knoflook en rozemarijn rond het vlees. Draai de karbonades om met een tang en bak ze aan de andere kant ongeveer 3 minuten. Leg de schnitzels op een bord.

2. Voeg de wijn toe aan de pan en breng aan de kook. Kook, schraap en roer alle gebruinde stukjes op de bodem van de pan, tot de wijn is ingekookt en iets dikker is geworden, ongeveer 2 minuten.

3. Doe de karbonades terug in de pan en kook nog 2 minuten, waarbij u ze een of twee keer in de saus draait, tot ze roze worden als ze bij het bot worden doorgesneden. Leg de karbonades op een bord, giet het sap uit de pan over de karbonades en serveer onmiddellijk.

Lamskoteletjes met kappertjes, citroen en salie

Braciole di Agnello met Cappers

Voor 4 porties

Vecchia Roma is een van mijn favoriete Romeinse restaurants. Buiten het voormalige getto heeft het een prachtige buitentuin waar u kunt dineren als het warm en zonnig weer is, maar ik geniet ook van de gezellige eetruimtes binnen als het koud of regenachtig is. Dit lamsvlees is geïnspireerd op een gerecht dat ik daar probeerde, gemaakt met kleine klompjes speenlamsvlees. In plaats daarvan heb ik het aangepast aan zachte schnitzels, omdat die in ons land overal verkrijgbaar zijn.

1 eetlepel olijfolie

8 lamsfilets of ribben, 1 cm dik, getrimd

Zout en versgemalen zwarte peper

1 1/2 kopje droge witte wijn

3 eetlepels vers citroensap

3 eetlepels gewassen en gehakte kappertjes

6 verse salieblaadjes

1. Verhit de olie in een grote koekenpan op middelhoog vuur. Droge karbonades. Als de olie heet is, bestrooi ze met zout en peper en leg de karbonades in de pan. Kook tot de karbonades goudbruin zijn, ongeveer 4 minuten. Draai de karbonades om met een tang en bak ze aan de andere kant ongeveer 3 minuten. Leg de schnitzels op een bord.

2. Giet het vet uit de pan. Zet het vuur laag. Meng de wijn, het citroensap, de kappertjes en de salie in een pan. Breng aan de kook en kook gedurende 2 minuten of tot het licht stroperig is.

3. Doe de karbonades terug in de pan en draai ze een of twee keer totdat ze warm zijn en roze als ze bij het bot worden gesneden. Serveer onmiddellijk.

knapperige lamskoteletjes

Braciolette Croccante

Voor 4 porties

In Milaan liet ik op deze manier geitenkoteletten bereiden, met artisjokharten gebakken in hetzelfde knapperige beslag. De Romeinen gebruikten kleine lamskoteletjes in plaats van geitenvlees en lieten de kaas achterwege. Hoe dan ook, een knapperige salade is het perfecte bijgerecht.

8 tot 12 rib-eye lamskoteletten, ongeveer 3/4 inch dik, netjes bijgesneden

2 grote eieren

Zout en versgemalen zwarte peper

1 1/4 kopjes droog broodkruimels

1/ kopje vers geraspte Parmigiano-Reggiano

olijfolie om te bakken

1. Leg de karbonades op een snijplank en stamp het vlees voorzichtig fijn tot het ongeveer een halve centimeter dik is.

2. Klop in een ondiepe kom de eieren los met peper en zout naar smaak. Meng de kruimels met de kaas op een vel vetvrij papier.

3. Dompel de koteletten één voor één in de eieren, rol ze vervolgens door het paneermeel en klop ze goed door het paneermeel.

4. Zet de oven op minimum. Giet ongeveer 1/2 inch olie in een diepe koekenpan. Verhit de olie op middelhoog vuur tot een beetje van het eimengsel snel kookt als je het in de olie giet. Laat met een tang voorzichtig een paar karbonades in de olie vallen, zonder de pan te verdringen. Kook tot ze goudbruin en knapperig zijn, 3 tot 4 minuten. Draai de steaks met een tang en bruin, 3 minuten. Laat de koteletten uitlekken op keukenpapier. Laat de gebakken schnitzels warm in de oven en bak de rest. Serveer warm.

Lamskoteletjes met artisjokken en olijven

Costolette di Agnello ai Carciofi e Olive

Voor 4 porties

Alle ingrediënten van dit gerecht worden in dezelfde pan gekookt, waardoor de complementaire smaken van lamsvlees, artisjokken en olijven soepel met elkaar vermengen. Heldere groenten zoals geroosterde wortelen of tomaten zouden een goed bijgerecht zijn.

2 eetlepels olijfolie

8 lamskoteletten met ribben of lendenen, ongeveer 1 cm dik, getrimd

Zout en versgemalen zwarte peper naar smaak.

2 eetlepels olijfolie

³1/4 kopje droge witte wijn

8 kleine of 4 middelgrote artisjokken, schoongemaakt en in achtsten gesneden

1 fijngehakt teentje knoflook

¹1/2 kop zachte kleine zwarte olijven, zoals Gaeta

1 eetlepel gehakte verse peterselie

1. Verhit de olie in een koekenpan die groot genoeg is om de karbonades in één laag te houden op middelhoog vuur. Dep het lamsvlees droog. Als de olie heet is, bestrooi de karbonades met zout en peper en doe ze in de pan. Kook tot de karbonades goudbruin zijn, 3 tot 4 minuten. Draai de karbonades met een tang bruin aan de andere kant, ongeveer 3 minuten. Leg de schnitzels op een bord.

2. Zet het vuur middelhoog. Giet de wijn erbij en laat koken. Kook gedurende 1 minuut. Voeg de artisjokken, knoflook en zout en peper naar smaak toe. Dek de pan af en kook gedurende 20 minuten of tot de artisjokken gaar zijn.

3. Voeg de olijven en peterselie toe en kook nog 1 minuut. Doe de karbonades terug in de pan en bak, waarbij u het lamsvlees een of twee keer omdraait, tot het gaar is. Serveer onmiddellijk.

Lamskoteletjes met tomatensaus, kappertjes en ansjovis

Costelle d'Agnello in saus

Voor 4 porties

Een pittige tomatensaus geeft smaak aan deze karbonades in Calabrese stijl. Op deze manier kunnen varkenskarbonades ook worden bereid.

2 eetlepels olijfolie

8 lamskoteletten van rib- of lendenen, ongeveer 3/4 inch dik, bijgesneden

6 tot 8 pruimtomaten, geschild, zonder zaadjes en in blokjes gesneden

4 gehakte ansjovisfilets

1 eetlepel kappertjes, gewassen en in plakjes gesneden

2 eetlepels gehakte verse peterselie

1. Verhit de olie in een koekenpan die groot genoeg is om de karbonades comfortabel in één laag te houden op middelhoog vuur. Als de olie heet is, dep je de karbonades droog. Bestrooi de karbonades met zout en peper en doe ze in de pan. Kook tot de

karbonades goudbruin zijn, ongeveer 4 minuten. Draai de karbonades om met een tang en bak ze aan de andere kant ongeveer 3 minuten. Leg de schnitzels op een bord.

2.Voeg de tomaten, ansjovis en kappertjes toe aan de pan. Voeg naar smaak een snufje zout en peper toe. Kook gedurende 5 minuten of tot het iets dikker is.

3.Doe de karbonades terug in de pan en bak ze, een of twee keer omdraaiend in de saus, tot ze warm en roze zijn als ze dicht bij het bot worden gesneden. Bestrooi met peterselie en serveer onmiddellijk.

Lamskoteletjes "verbrand je vingers"

Agnello Scottadito

Voor 4 porties

In het recept dat de inspiratie vormde voor dit gerecht, uit een oud Umbrisch kookboek, geeft fijngehakt prosciuttovet smaak aan het lamsvlees. Tegenwoordig vervangen de meeste koks olijfolie. Lamskoteletten zijn ook lekker op deze manier.

De naam komt waarschijnlijk voort uit het idee dat schnitzels zo lekker zijn dat je ze meteen kunt opeten: heet, vers van de grill of pan.

1/4 kop olijfolie

2 teentjes knoflook, fijngehakt

1 eetlepel gehakte verse rozemarijn

1 theelepel gehakte verse tijm

8 lamskoteletten, ongeveer 1 cm dik, getrimd

Zout en versgemalen zwarte peper

1. Meng in een kleine kom de olie, knoflook, kruiden en zout en peper naar smaak. Bestrijk het lamsvlees met het mengsel. Dek af en laat 1 uur afkoelen.

2. Plaats de grill of grill op ongeveer 5 centimeter afstand van de warmtebron. Verwarm de grill of grill voor.

3. Verwijder een deel van de marinade. Grill de karbonades of tot ze goudbruin en knapperig zijn, ongeveer 5 minuten. Draai de karbonades met een tang om en kook nog ongeveer 5 minuten, tot ze goudbruin zijn en lichtroze in het midden. Serveer warm.

Gegrild lamsvlees, basilicum

Agnello allo Spiedo

Voor 4 porties

De basiliek is misschien het best bekend vanwege de afbeelding in Carl Levi's film Christ Arrested in Eboli. De auteur schilderde een droevig portret van de regio vóór de Tweede Wereldoorlog, toen veel politieke gevangenen in ballingschap werden gestuurd. Tegenwoordig is Basilicata, hoewel nog steeds dunbevolkt, welvarend en veel toeristen gaan er naartoe vanwege de prachtige stranden bij Maratea.

Varkens- en lamsvlees zijn typische vleessoorten uit deze regio en beide worden in dit recept gecombineerd. De pancetta die de lamsblokjes omhult, wordt knapperig en geurig. Het houdt het lamsvlees vochtig en geeft smaak tijdens het braden.

1½ pond lamsbout zonder been, in stukjes van 2 inch gesneden

2 teentjes knoflook, fijngehakt

1 eetlepel gehakte verse rozemarijn

Zout en versgemalen zwarte peper

4 ons dun gesneden spek

¹1/4 kop olijfolie

2 eetlepels rode wijnazijn

1. Plaats de grill of grill ongeveer 5 centimeter van de warmtebron. Verwarm de grill of grill voor.

2. Meng het lamsvlees in een grote kom met de knoflook, rozemarijn en zout en peper naar smaak.

3. Haal de plakjes spek uit de verpakking. Wikkel om elk stuk lamsvlees een plakje pancetta.

4. Rijg het lamsvlees aan houten spiesjes en zet de pancetta vast met de spies. Zet de stukken samen zonder dat ze zich verdringen. Meng olie en azijn in een kleine kom. Bestrijk het lamsvlees met het mengsel.

5. Grill spiesjes of draai ze af en toe tot ze gaar zijn naar smaak; 5 tot 6 minuten voor spiesjes op middelhoog vuur. Serveer warm.

Gegrilde lamsspiesjes

Arrosticini

Voor 4 porties

In de Abruzzen worden kleine stukjes lamsvlees gemarineerd, op houten spiesjes gestoken en boven een heet vuur gegrild. De gekookte spiesjes worden rechtop geserveerd in een hoge mok of kop en iedereen serveert, waarbij het lamsvlees rechtstreeks van de stokjes wordt gegeten. Ze zijn ideaal voor buffetten, geserveerd met geroosterde of gebakken paprika.

2 teentjes knoflook

Zout

1 pond lamsbout, bijgesneden en in stukjes van 3/4 inch gesneden

3 eetlepels extra vergine olijfolie

2 eetlepels gehakte verse munt

1 theelepel gehakte verse tijm

vers gemalen zwarte peper

1. Snijd de knoflook heel fijn. Bestrooi de knoflook met een snufje zout en prak deze met de zijkant van een groot, zwaar koksmes tot een fijne pasta.

2. Meng het lamsvlees in een grote kom met de knoflookpasta, olie, kruiden en zout en peper naar smaak. Dek af en marineer bij kamertemperatuur gedurende 1 uur of in de koelkast gedurende enkele uren of een nacht.

3. Plaats de grill of grill ongeveer 5 centimeter van de warmtebron. Verwarm de grill of grill voor.

4. Leg het vlees op de spiesjes. Zet de stukken samen zonder dat ze zich verdringen. Grill of grill het lamsvlees gedurende 3 minuten of tot het bruin is. Draai het vlees om met een tang en bak nog 2 tot 3 minuten, of tot het aan de buitenkant bruin is en in het midden nog roze is. Serveer warm.

Lamsstoofpot met rozemarijn, munt en witte wijn

Agnello in Umid

Voor 4 porties

Lamsschouder is ideaal om te smoren. Het vlees heeft voldoende vocht om lang en langzaam te kunnen koken, en ook al is het slecht gaar, het is gaar in een stoofpot. Als er alleen lamsschouder met bot beschikbaar is, kan deze worden aangepast in stoofpotrecepten. Laat een pond of twee extra vlees op het bot zitten, afhankelijk van wat voor soort bot het is. Kook lamsvlees met bot ongeveer 30 minuten langer dan met bot, of totdat het vlees van het bot valt.

2 1/2 pond lamsschouder zonder been, in stukjes van 2 inch gesneden

1 1/4 kop olijfolie

Zout en versgemalen zwarte peper naar smaak.

1 grote ui, gehakt

4 teentjes knoflook, gehakt

2 eetlepels gehakte verse rozemarijn

2 eetlepels gehakte verse peterselie

1 eetlepel gehakte verse munt

1/2 kopje droge witte wijn

Ongeveer ½ kopje runderbouillon (Vleessoep) of water

2 eetlepels tomatenpuree

1. Verhit de olie in een grote Nederlandse oven of een andere diepe, zware pan met een goed sluitend deksel op middelhoog vuur. Droog het lamsvlees met keukenpapier. Doe zoveel stukken lamsvlees in de pan als je prettig vindt in een enkele laag. Kook, onder regelmatig roeren, tot het aan alle kanten bruin is, ongeveer 20 minuten. Doe het geroosterde lamsvlees op een bord. Bestrooi met zout en peper. Kook het resterende lamsvlees op dezelfde manier.

2. Als al het vlees bruin is, verwijder dan het overtollige vet met een lepel. Voeg ui, knoflook en kruiden toe en meng goed. Kook tot de uien verwelkt zijn, ongeveer 5 minuten.

3. Voeg de wijn toe en breng aan de kook, schraap de eventueel gebruinde stukjes op de bodem van de pan en roer erdoor. Kook gedurende 1 minuut.

4. Voeg de bouillon en tomatenpuree toe. Zet het vuur laag. Dek af en kook gedurende 1 uur, af en toe roerend, of tot het lamsvlees

gaar is. Voeg een beetje water toe als de saus te droog is. Serveer warm.

Umbrisch lamsvlees met kikkererwtenpuree

Agnello del Colle

Voor 6 maaltijden

Polenta en aardappelpuree zijn in Italië veel voorkomende bijgerechten bij stoofschotels, dus ik was verrast toen deze stoofpot in Umbrië met hummus werd geserveerd. Kikkererwten uit blik werken goed, maar je kunt gedroogde kikkererwten ook van tevoren koken.

2 eetlepels olijfolie

3 pond lamsschouder zonder been, in stukken van 2 inch gesneden

Zout en versgemalen zwarte peper

2 teentjes knoflook, fijngehakt

1 kopje droge witte wijn

1½ kopjes in blokjes gesneden verse of ingeblikte tomaten

1 pakje (10 ons) witte champignons, in plakjes gesneden

2 (16 ounce) blikjes kikkererwten of 5 kopjes gekookte kikkererwten

Extra vergine olijfolie

1. Verhit de olie in een grote Nederlandse oven of een andere diepe, zware pan met een goed sluitend deksel op middelhoog vuur. Plaats voldoende stukken lamsvlees in de pot zodat ze comfortabel in één laag passen. Kook, af en toe roerend, tot het aan alle kanten bruin is, ongeveer 20 minuten. Doe het geroosterde lamsvlees op een bord. Bestrooi met zout en peper. Kook het resterende lamsvlees op dezelfde manier.

2. Als al het vlees bruin is, giet je het overtollige vet uit de pan. Verdeel de knoflook in de pan en bak 1 minuut. Voeg de wijn toe. Schraap de gebruinde stukjes op de bodem van de pan en roer ze er met een houten lepel door. Breng aan de kook en kook gedurende 1 minuut.

3. Doe het lam terug in de pan. Voeg de tomaten en champignons toe en laat koken. Zet het vuur laag. Dek af en kook, af en toe roerend, gedurende 1 1/2 uur of tot het lamsvlees gaar is en de saus is ingekookt. Als er te veel vloeistof is, verwijdert u het deksel gedurende de laatste 15 minuten.

4. Verwarm vlak voor het serveren de kikkererwten en hun vocht in een middelgrote pan. Vervolgens overbrengen naar een keukenmachine om te pureren of pureren met een

aardappelstamper. Voeg naar smaak een beetje extra vergine olijfolie en zwarte peper toe. Indien nodig opnieuw opwarmen.

5. Voor het serveren leg je op elk bord een paar kikkererwten. Omring de puree met de lamsstoofpot. Serveer warm.

wild lam

Agnello alla Cacciatora

Voor 6 tot 8 porties

De Romeinen maken deze lamsstoofpot met abbacchio, een lamsvlees dat zo jong is dat het nog nooit gras heeft gegeten. Ik denk dat de smaak van het belegen lamsvlees het beste past bij de pittige gemalen rozemarijn, azijn, knoflook en ansjovis die de saus afmaken.

4 pond lamsschouder met botten, in stukken van 2 inch gesneden

Zout en versgemalen zwarte peper

2 eetlepels olijfolie

4 teentjes knoflook, gehakt

4 blaadjes verse salie

2 (2 inch) takjes verse rozemarijn

1 kopje droge witte wijn

6 ansjovisfilets

1 theelepel fijngehakte verse rozemarijnblaadjes

2 tot 3 eetlepels wijnazijn

1. Droog de stukken met keukenpapier. Bestrooi ze met zout en peper.

2. Verhit de olie in een grote Nederlandse oven of een andere diepe, zware pan met een goed sluitend deksel op middelhoog vuur. Voeg voldoende lamsvlees toe om comfortabel in één laag te passen. Kook al roerend tot het aan alle kanten mooi bruin is. Leg het gebakken vlees op een bord. Ga verder met het resterende lamsvlees.

3. Als al het lamsvlees bruin is, gebruik dan een lepel om het meeste vet uit de pan te verwijderen. Voeg de helft van de knoflook, salie en rozemarijn toe en meng. Voeg de wijn toe en kook gedurende 1 minuut. Schraap en roer eventuele gebruinde stukjes op de bodem van de pan met een houten lepel.

4. Doe de stukken lamsvlees terug in de pan. Zet het vuur laag. Dek af en kook, af en toe roerend, gedurende 2 uur of tot het lamsvlees zacht is en van het bot valt. Voeg een beetje water toe als de vloeistof te snel verdampt.

5. Bereiding van de pesto: Snijd de ansjovis, rozemarijn en de resterende knoflook fijn. Doe ze in een kleine kom. Voeg net genoeg azijn toe om een pasta te maken.

6. Roer de pesto door de stoofpot en laat 5 minuten koken. Serveer warm.

Lams-, aardappel- en tomatenstoofpot

Agnello e Verdure-kachel

Voor 4 tot 6 maaltijden

Hoewel ik meestal lamsschouder gebruik om te smoren, gebruik ik soms ook afsnijdsels die overblijven van de poot of schenkel. De textuur van deze stukjes is iets taaier, maar ze vereisen minder koken en vormen nog steeds een goede stoofpot. Houd er rekening mee dat in dit Zuid-Italiaanse recept het vlees in één keer aan de pan wordt toegevoegd, zodat het net iets bruin wordt voordat de andere ingrediënten worden toegevoegd.

1 grote ui, gehakt

2 eetlepels olijfolie

2 pond dijbeen of lamsbout zonder been, in stukken van 1 inch gesneden

Zout en versgemalen zwarte peper naar smaak.

¹1/2 kopje droge witte wijn

3 kopjes uitgelekte en gehakte tomaten uit blik

1 eetlepel gehakte verse rozemarijn

1 pond vastkokende gekookte aardappelen, in stukjes van 1 inch gesneden

2 wortels, in plakjes van een halve centimeter dik gesneden

1 kop verse of bevroren erwten, gedeeltelijk ontdooid

2 eetlepels gehakte verse peterselie

1. Kook de ui in een grote Nederlandse oven of een andere diepe, zware pan met een goed sluitend deksel in de olijfolie op middelhoog vuur tot ze zacht is, ongeveer 5 minuten. Voeg het lamsvlees toe. Kook, onder regelmatig roeren, tot de stukjes lichtbruin zijn. Bestrooi met zout en peper. Giet de wijn erbij en laat koken.

2. Voeg tomaten en rozemarijn toe. Zet het vuur laag. Dek af en kook gedurende 30 minuten.

3. Voeg aardappelen, wortels en zout en peper naar smaak toe. Kook nog eens 30 minuten, af en toe roerend, tot het lamsvlees en de aardappelen gaar zijn. Voeg de erwten toe en kook nog eens 10 minuten. Bestrooi met peterselie en serveer onmiddellijk.

Lamsvlees en paprika

Spezzato d'Agnello met pepperoni

Voor 4 porties

De hitte en zoetheid van de paprika's en de rijkdom van het lamsvlees maken het twee voedingsmiddelen die perfect bij elkaar passen. In dit recept hoeft u, zodra het vlees bruin is, niet veel meer te doen dan af en toe roeren.

1/4 kop olijfolie

2 pond lamsschouder zonder been, in stukjes van 1½ inch gesneden

Zout en versgemalen zwarte peper naar smaak.

1/2 kopje droge witte wijn

2 middelgrote uien, in plakjes gesneden

1 grote rode paprika

1 grote groene paprika

6 kerstomaatjes, geschild, zonder zaadjes en in plakjes gesneden

1. Verhit de olie in een grote koekenpan of Nederlandse oven op middelhoog vuur. Dep het lamsvlees droog. Voeg voldoende lamsvlees toe aan de pan zodat het comfortabel in één laag past. Kook al roerend tot het aan alle kanten bruin is, ongeveer 20 minuten. Doe het geroosterde lamsvlees op een bord. Ga door met het braden van de rest van het lamsvlees op dezelfde manier. Bestrooi al het vlees met zout en peper.

2. Als al het vlees bruin is, verwijder dan het overtollige vet met een lepel. Voeg de wijn toe aan de pan en roer goed, waarbij je eventuele gebruinde stukjes wegschraapt. Laten we koken.

3. Doe het lam terug in de pan. Voeg ui, paprika en tomaat toe. Zet het vuur laag. Dek de pan af en laat anderhalf uur koken, of tot het vlees heel zacht is. Serveer warm.

Lamsstoofpot met eieren

Agnello Cacio en Uova

Voor 6 maaltijden

Omdat eieren en lamsvlees met de lente worden geassocieerd, is het logisch om ze in recepten te combineren. Eieren en kaas zijn op de een of andere manier populair in Midden- en Zuid-Italië en vormen een lichte, romige topping voor de lamsstoofpot in dit gerecht. Dit is een typisch paasrecept, dus als je het voor de feestdagen wilt maken, doe de gekookte stoofpot dan in een mooie ovenschaal om te bakken en serveer voordat je de dressing toevoegt. De combinatie van lamsbout en schouder geeft een interessantere textuur.

2 eetlepels olijfolie

2 middelgrote uien

3 pond zonder been en lamsschouder, bijgesneden en in stukken van 2 inch gesneden

Zout en versgemalen zwarte peper naar smaak.

1 eetlepel fijngehakte rozemarijn

1½ kopjes zelfgemaaktVleessoepofKippensoep, of in de winkel gekochte kippen- of runderbouillon

2 kopjes verse gepelde erwten of 1 (10-ounce) pakket bevroren erwten, gedeeltelijk ontdooid

3 grote eieren

1 eetlepel gehakte verse peterselie

1/2 kopje vers geraspte Pecorino Romano

1. Plaats het rooster in het midden van de oven. Verwarm de oven voor op 425 ° F. Verhit de olie in een Nederlandse oven of een andere diepe, zware pan met een goed sluitend deksel op middelhoog vuur. Voeg ui en lamsvlees toe. Kook, af en toe roerend, tot het lamsvlees aan alle kanten lichtbruin is, ongeveer 20 minuten. Bestrooi met zout en peper.

2. Voeg rozemarijn en bouillon toe. Goed mengen. Dek af en braad, af en toe roerend, gedurende 60 minuten of tot het vlees gaar is. Voeg indien nodig een beetje warm water toe om te voorkomen dat het lamsvlees uitdroogt. Voeg de erwten toe en kook nog 5 minuten.

3. Klop in een middelgrote kom de eieren, peterselie, kaas en zout en peper naar smaak tot alles goed gemengd is. Giet het mengsel gelijkmatig over het lamsvlees.

4. Bak onafgedekt gedurende 5 minuten of tot de eieren gestold zijn. Serveer onmiddellijk.

Lams- of geitenvlees met Siciliaanse aardappelen

Capretto of Agnello al Forno

Voor 4 tot 6 maaltijden

Baglio Elena, vlakbij Trapani op Sicilië, is een werkende boerderij die olijven, olijfolie en ander voedsel produceert. Het is ook een herberg waar bezoekers kunnen stoppen en eten in de charmante, rustieke eetkamer of op vakantie kunnen blijven. Tijdens mijn bezoek kreeg ik een meergangendiner voorgeschoteld met Siciliaanse specialiteiten, waaronder verschillende soorten olijven die op verschillende manieren waren bereid, uitstekende ter plekke gemaakte salami, een verscheidenheid aan groenten en deze eenvoudige stoofpot. Het vlees en de aardappelen worden gekookt in geen enkele vloeistof, behalve een kleine hoeveelheid wijn en sappen van het vlees en de groenten, waardoor een symfonie van smaken ontstaat.

Kid is verkrijgbaar in veel etnische slagerijen, waaronder die in Haïti, het Midden-Oosten en Italië. Het lijkt zo op lamsvlees dat het moeilijk is om het verschil te zien.

3 pond kind (kind) of lamsschouder, in stukken van 2 inch gesneden

2 eetlepels olijfolie

Zout en versgemalen zwarte peper

2 uien, in dunne plakjes gesneden

1 1/2 kopje droge witte wijn

1/4 theelepels gemalen kruidnagel

2 (2 inch) takjes rozemarijn

1 laurierblad

4 middelgrote aardappelen voor alle doeleinden, in stukjes van 1 inch gesneden

2 kopjes kerstomaatjes, gehalveerd

2 eetlepels gehakte verse peterselie

1. Plaats het rooster in het midden van de oven. Verwarm de oven voor op 350 ° F. Verhit de olie in een grote Nederlandse oven of een andere diepe, zware pan met een goed sluitend deksel op middelhoog vuur. Droog het lamsvlees met keukenpapier. Voeg voldoende vlees toe zodat het comfortabel in de pan past, zonder dat het opdringt. Kook, draai de stukken met een tang, tot ze aan alle kanten goudbruin zijn, ongeveer 15 minuten. Leg

de stukken op een bord. Ga op dezelfde manier verder met het koken van de rest van het vlees. Bestrooi met zout en peper.

2. Wanneer al het vlees bruin is, verwijder je het meeste vet uit de pan. Voeg de ui toe en kook, af en toe roerend, tot de ui verwelkt is, ongeveer 5 minuten.

3. Doe het vlees terug in de pan. Giet de wijn erbij en laat koken. Kook gedurende 1 minuut, roer met een houten lepel. Voeg kruidnagel, rozemarijn, laurier en zout en peper naar smaak toe. Dek de pot af en plaats hem in de oven. Kook gedurende 45 minuten.

4. Voeg aardappelen en tomaten toe. Dek af en kook nog eens 45 minuten, of tot het vlees en de aardappelen gaar zijn als je er met een vork in prikt. Bestrooi met peterselie en serveer warm.

Apulische lams- en aardappelstoofpot

Tiella di Agnello

Voor 6 maaltijden

Een Apulische specialiteit zijn gelaagde ovenschotels, gebakken in de oven. Ze kunnen worden bereid met vlees, vis of groenten, afwisselend met aardappelen, rijst of paneermeel. Tiella is de naam voor deze kookmethode en het type vat waarin de stoofpot wordt gekookt. De klassieke tiella is een rond, diep terracotta bord, hoewel tegenwoordig vaak metalen pannen worden gebruikt.

De kookmethode is zeer ongebruikelijk. Geen van de ingrediënten is bruin of voorgekookt. Alles is gelaagd en gebakken tot het gaar is. Het vlees wordt gaar, maar nog steeds sappig en smakelijk, omdat de stukken omringd zijn door aardappelen. De onderste laag aardappel smelt zacht en mals en zit vol met vlees en tomatensap, terwijl de bovenste laag knapperig is als friet, maar dan veel lekkerder.

Gebruik voor het vlees mooi getrimde stukjes lamsbout. Ik koop een halve lamsbout in de winkel en snij hem thuis in stukjes van 5 tot 7 cm, waarbij ik het vet eraf snij. Het is perfect voor dit recept.

4 eetlepels olijfolie

2 pond bakaardappelen, geschild en in dunne plakjes gesneden

¹⁄ kopje droog broodkruimels

¹⁄ kopje vers geraspte Pecorina Romano of Parmigiano-Reggiano

1 fijngehakt teentje knoflook

1 1/2 kop gehakte verse peterselie

1 eetlepel gehakte verse rozemarijn of 1 theelepel gedroogde

1 1/2 theelepel gedroogde oregano

Zout en versgemalen zwarte peper

2 1/2 pond lamsvlees zonder been, bijgesneden en in stukken van 2 tot 3 inch gesneden

1 kopje tomaten uit blik, uitgelekt, gehakt

1 kopje droge witte wijn

1 1/2 kopje water

1. Plaats het rooster in het midden van de oven. Verwarm de oven voor op 400 ° F. Vet een ovenschaal van 13 x 9 x 2 inch in met 2

eetlepels olie. Veeg de aardappelen droog en verdeel ongeveer de helft ervan, iets overlappend, op de bodem van de bakvorm.

2. Meng in een middelgrote kom broodkruim, kaas, knoflook, kruiden en zout en peper naar smaak. Verdeel de helft van het kruimelmengsel over de aardappelen. Leg het vlees op de kruimels. Breng het vlees op smaak met zout en peper. Verdeel de tomaten over het vlees. Verdeel de overige aardappelen erbovenop. Bedek met wijn en water. Verdeel de rest van het kruimelmengsel over alles. Besprenkel met de resterende 2 eetlepels olijfolie.

3. Bak gedurende 1½ tot 13/4 uur of tot het vlees en de aardappelen gaar zijn als je er met een vork in prikt en goudbruin zijn. Serveer warm.

Lamsboutjes met kikkererwten

Stinco di Agnello met Ceci

Voor 4 porties

Mango's moeten lang en langzaam worden gekookt, maar als ze gaar zijn, is het vruchtvlees vochtig en smelt het bijna in je mond. Als u lamsbout in de supermarkt koopt, kan het zijn dat het vlees nog verder moet worden bijgesneden. Snijd met een klein uitbeenmes zoveel mogelijk vet af, maar laat de dunne, parelachtige laag vlees, bekend als de zilveren schil, intact. Het zorgt ervoor dat het vlees zijn vorm behoudt tijdens het koken. Ik gebruik de dijen voor veel recepten die de Italianen zouden maken met hun kleinste lamsbout.

2 eetlepels olijfolie

4 kleine lamsboutjes, mooi getrimd

Zout en versgemalen zwarte peper

1 kleine ui, gehakt

2 kopjes runderbouillon (Vleessoep)

1 kopje gepelde, gezaaide en in blokjes gesneden tomaten

1/2 theelepel gedroogde marjolein of tijm

4 wortels, geschild en in stukken van 1 inch gesneden

2 jonge ribben bleekselderij, in stukjes van 1 inch gesneden

3 kopjes of 2 blikjes gekookte kikkererwten, uitgelekt

1. Verhit de olie in een braadpan die groot genoeg is om de schenkels in één laag te houden, of in een andere diepe, zware pan met een goed sluitend deksel, op middelhoog vuur. Droog de lamsschenkels en schroei ze aan alle kanten ongeveer 15 minuten goed dicht. Houd de pan schuin en verwijder overtollig vet met een lepel. Bestrooi met zout en peper. Voeg de ui toe en bak nog 5 minuten.

2. Voeg de bouillon, tomaten en marjolein toe en breng aan de kook. Zet het vuur laag. Dek af en kook gedurende 1 uur, af en toe keren.

3. Voeg wortels, selderij en kikkererwten toe. Kook nog eens 30 minuten of tot het vlees zacht is als u er met een klein mes in prikt. Serveer warm.

Lamsboutjes met paprika en prosciutto

Brasato di Stinco di Agnello met pepperoni en prosciutto

Voor 6 maaltijden

In Senagalia, aan de Adriatische kust van Marche, heb ik gegeten bij Osteria del Tempo Perso, in het historische centrum van dit charmante oude stadje. Om te beginnen had ik cappellette, "kapjes", gevuld met verse pasta met worst en groentesaus, gevolgd door een lamsstoofpotje, bedekt met felgekleurde paprika's en prosciuttoblaadjes. In dit recept heb ik de smaken van de stoofpot aangepast aan lamsschenkel.

4 eetlepels olijfolie

6 kleine lamsboutjes, mooi getrimd

Zout en versgemalen zwarte peper

1 1/2 kopje droge witte wijn

2-inch takje verse rozemarijn of ½ theelepel gedroogd

    1½ kopjes Vleessoep

2 rode paprika's, in reepjes van 1/2 inch gesneden

1 gele paprika, in reepjes van 1/2 inch gesneden

1 eetlepel ongezouten boter

2 ons gesneden geïmporteerde Italiaanse prosciutto, in dunne reepjes gesneden

2 eetlepels gehakte verse peterselie

1. Verhit de olie in een Nederlandse oven die groot genoeg is om de lamsschenkels in een enkele laag te houden, of in een andere diepe, zware pan met een goed sluitend deksel, op middelhoog vuur. Dep de lamsbout droog. Bak ze aan alle kanten goed en draai de stukken met een tang ongeveer 15 minuten. Houd de pan schuin en verwijder overtollig vet met een lepel. Bestrooi met zout en peper.

2. Voeg de wijn toe en kook, schraap en roer eventuele gebruinde stukjes op de bodem van de pan met een houten lepel. Breng aan de kook en kook gedurende 1 minuut.

3. Voeg de rozemarijn en de bouillon toe en breng de vloeistof aan de kook.

4. Bedek de pan gedeeltelijk. Zet het vuur laag. Kook, waarbij u het vlees af en toe omdraait, tot het lamsvlees heel zacht is als u er met een vork in prikt, ongeveer 1½ tot 1½ uur.

5. Terwijl het lamsvlees kookt, combineer je de paprika, boter en 2 eetlepels water in een middelgrote pan op middelhoog vuur. Dek af en kook gedurende 10 minuten of tot de groenten bijna gaar zijn.

6. Voeg de zachte peper en serranoham toe aan het lamsvlees, samen met de peterselie. Kook, onafgedekt, op middelhoog vuur tot de paprika's zacht zijn, ongeveer 5 minuten.

7. Plaats de stengels en paprika's met een schuimspaan in de verwarmde pan. Dek af en houd warm. Als de vloeistof die in de pan achterblijft te dun is, zet dan het vuur hoog en laat sudderen tot de vloeistof indikt en iets dikker wordt. Experimenteer en pas de smaakmakers aan. Giet de saus over het lamsvlees en serveer onmiddellijk.

Lamsbouten met kappertjes en olijven

Stinchi di Agnello met kappertjes en olijven

Voor 4 porties

Op Sardinië wordt voor dit gerecht meestal geitenvlees gebruikt. De smaken van lamsvlees en geit lijken erg op elkaar, dus lamsbout is een goede vervanger en veel gemakkelijker te vinden.

2 eetlepels olijfolie

4 kleine lamsboutjes, mooi getrimd

Zout en versgemalen zwarte peper

1 middelgrote ui, gehakt

3 1/4 kopje droge witte wijn

1 kopje gepelde, gezaaide en in blokjes gesneden verse of ingeblikte tomaten

1 1/2 kop ontpitte zwarte olijven, zoals Gaeta

2 teentjes knoflook, fijngehakt

2 eetlepels kappertjes, gewassen en fijngehakt

2 eetlepels gehakte verse peterselie

1. Verhit de olie in een braadpan die groot genoeg is om de schenkels in één laag te houden, of in een andere diepe, zware pan met een goed sluitend deksel, op middelhoog vuur. Droog het lamsvlees en bak het aan alle kanten goed bruin. Verwijder overtollig vet met een lepel. Bestrooi met zout en peper.

2. Verdeel de ui over het lamsvlees en kook tot de ui zacht wordt, ongeveer 5 minuten. Voeg de wijn toe en kook gedurende 1 minuut. Voeg de tomaten toe en laat het koken. Zet het vuur laag en dek de pan af. Kook gedurende 1 tot 1½ uur, waarbij u de schenkels af en toe draait, tot het vlees heel zacht is als u er met een mes in prikt.

3. Voeg de olijven, knoflook, kappertjes en peterselie toe en kook nog 5 minuten, waarbij u het vlees omdraait zodat het bedekt is met de saus. Serveer warm.

gebakken ui

Cipolle al Forno

Voor 4 tot 8 porties

Deze uien worden zacht en zoet als ze worden gekookt; probeer ze eens met rosbief.

4 middelgrote witte of rode uien, gepeld

½ kopje droog broodkruimels

¼ kopje vers geraspte Parmigiano-Reggiano of Pecorino Romano

2 eetlepels olijfolie

Zout en versgemalen zwarte peper

1. Breng een middelgrote pan water aan de kook. Voeg de ui toe en zet het vuur lager om het water aan de kook te brengen. Kook gedurende 5 minuten. Laat de uien afkoelen in het water in de pan. Giet de uien af en snijd ze kruislings doormidden.

2. Plaats het rooster in het midden van de oven. Verwarm de oven voor op 350 ° F. Vet een bakplaat in die groot genoeg is om de uien in een enkele laag te houden. Leg de ui met de gesneden

kant naar boven in de pan. Meng in een kleine kom broodkruim, kaas, olijfolie en zout en peper naar smaak. Doe het paneermeel over de ui.

3.Bak gedurende 1 uur of tot de ui goudbruin en zacht is als je er met een mes in prikt. Serveer warm of op kamertemperatuur.

Uien met balsamicoazijn

Cipolle al Balsamico

Voor 6 maaltijden

Balsamicoazijn complementeert de zoete smaak en kleur van rode uien. Ze passen perfect bij geroosterd varkensvlees of karbonades.

6 middelgrote rode uien

6 eetlepels extra vergine olijfolie

3 eetlepels balsamicoazijn

Zout en versgemalen zwarte peper

1. Plaats het rooster in het midden van de oven. Verwarm de oven voor op 375 ° F. Bekleed een bakplaat met aluminiumfolie.

2. Was de ui, maar schil hem niet. Doe de ui in de voorbereide pan. Rooster de ui gedurende 1 tot 1 1/2 uur, tot ze zacht zijn als je er met een mes in prikt.

3. Snijd de wortels van de ui en verwijder de schil. Snij de ui in vieren en doe ze in een kom. Voeg de olie, azijn, zout en peper

naar smaak toe en roer door elkaar. Serveer warm of op kamertemperatuur.

Gekonfijte rode ui

Confettura van Cipolle Rosse

Maakt ongeveer 1 pint

Tropea aan de kust van Calabrië staat bekend om zijn zoete rode uien. Hoewel rode uien in de Verenigde Staten pittiger zijn, kun je toch deze heerlijke jam maken die we aten bij Locanda di Alia in Castrovillari. De marmelade werd geserveerd met gebakken gouden sardientjes, maar smaakt ook heerlijk bij gegrilde kip of varkenskarbonades. Ik vind het ook lekker als smaakmaker voor pittige kaas zoals oude pecorino.

De jamversie bevat wat gehakte verse munt. Zorg ervoor dat u een pan met een dikke bodem gebruikt en het vuur zeer laag houdt om te voorkomen dat de uien blijven plakken. Voeg eventueel wat water toe als ze te snel uitdrogen.

1½ pond rode ui, fijngehakt

1 kopje droge rode wijn

1 theelepel zout

2 eetlepels ongezouten boter

1 eetlepel balsamicoazijn

1 of 2 eetlepels honing

Ongeveer 1 eetlepel suiker

1. Meng de ui, rode wijn en zout in een middelzware pan op middelhoog vuur. Breng aan de kook en zet het vuur laag. Dek af en kook, onder regelmatig roeren, gedurende 1 uur en 15 minuten, of tot de uien heel zacht zijn. De ui zal licht doorschijnend zijn.

2. Voeg boter, balsamicoazijn en 1 eetlepel honing en suiker toe. Kook onafgedekt, regelmatig roerend, tot alle vloeistof is verdampt en het mengsel erg dik is.

3. Een beetje afkoelen. Serveer op kamertemperatuur of licht warm. Dit blijft maximaal een maand in de koelkast houdbaar. Om op te warmen, plaats je de gekonfijte vis in een kleine kom boven een pan met kokend water of verwarm je hem in de magnetron.

Salade van geroosterde rode biet en uien

Salade van Cipolla en Barbabietola

Voor 6 maaltijden

Als je nog nooit verse bieten van het seizoen hebt gehad, moet je ze zeker proberen. Als ze jong en zacht zijn, zijn ze extreem zoet en aromatisch. Koop ze in de zomer en herfst, wanneer ze op hun mooist zijn. Naarmate ze ouder worden, worden ze houtachtig en smaakloos.

6 bieten, schoongemaakt en gehakt

2 grote uien, gepeld

6 eetlepels olijfolie

2 eetlepels rode wijnazijn

Zout en versgemalen zwarte peper

6 blaadjes verse basilicum

1. Plaats het rooster in het midden van de oven. Verwarm de oven voor op 400 ° F. Maak de bieten schoon en wikkel ze in een groot vel aluminiumfolie, goed afsluitend. Plaats het pakket op de bakplaat.

2. Snij de ui in kleine stukjes. Leg ze in een bakvorm en meng ze met 2 eetlepels olijfolie.

3. Zet het bosje rode biet en de pan met de ui naast elkaar in de oven. Rooster gedurende 1 uur of tot de bieten gaar zijn als je er met een mes in prikt en de uien goudbruin zijn.

4. Laat de bieten afkoelen. Schil de rode biet en snijd hem in rondjes.

5. Meng de bieten en de ui in een grote kom met een kwart kopje olijfolie, azijn en zout en peper naar smaak. Bestrooi met basilicum en serveer onmiddellijk.

Pareluitjes met honing en sinaasappel

Cipolline Parfum all'Arancia

Voor 8 maaltijden

Zoetzure pareluitjes, op smaak gebracht met honing, sinaasappel en azijn, zijn lekker bij feestelijke kalkoen of kapoen, geroosterd varkensvlees of als voorgerecht bij gesneden salumi. Je kunt ze van tevoren maken, maar ze moeten wel een beetje worden opgewarmd voordat je ze serveert.

2 pond zilveruitjes

1 navel oranje

2 eetlepels ongezouten boter

¹1/4 kopje honing

¹1/4 kopje witte wijnazijn

Zout en versgemalen zwarte peper

1. Breng een grote pan water aan de kook. Voeg ui toe en kook gedurende 3 minuten. Giet af en koel af onder stromend water. Gebruik een scherp schilmesje om de toppen van de wortels af te

scheren. Snij de uiteinden niet te diep, anders valt de ui uit elkaar tijdens het koken. Verwijder de vellen.

2. Gebruik een roterende dunschiller om de sinaasappelschil te verwijderen. Vouw de reepjes schil dubbel en snijd ze in dunne staafjes. Pers het sap uit de sinaasappels. Aan de kant leggen.

3. Smelt de boter in een grote koekenpan op middelhoog vuur. Voeg de ui toe en kook gedurende 30 minuten of tot hij lichtbruin is. Schud de pan af en toe om plakken te voorkomen.

4. Voeg sinaasappelsap, schil, honing, azijn en zout en peper naar smaak toe. Zet het vuur laag en kook gedurende 10 minuten, waarbij u de uien regelmatig omdraait, tot ze zacht zijn als u er met een mes in prikt en ze bestrijkt met de saus. Een beetje afkoelen. Serveer warm.

Erwten met uien

Piselli met Cipolle

Voor 4 porties

Door een beetje water aan de pan toe te voegen, worden de uien zachter en zachter zonder bruin te worden. De zoetheid van de ui versterkt de smaak van de erwten.

2 eetlepels olijfolie

1 middelgrote ui, fijngehakt

4 eetlepels water

2 kopjes verse gepelde erwten of 1 (10-ounce) pakket bevroren erwten

een snufje gedroogde oregano

Zout

1. Giet de olie in een middelgrote pan. Voeg ui en 2 eetlepels water toe. Kook, onder regelmatig roeren, tot de ui heel zacht is, ongeveer 15 minuten.

2. Voeg de erwten, de resterende 2 eetlepels water, oregano en zout toe. Dek af en kook tot de erwten gaar zijn, 5 tot 10 minuten.

Erwten met prosciutto en groene uien

Piselli al Prosciutto

Voor 4 porties

Deze erwten zijn lekker bij lamskoteletjes of gebraden lamsvlees.

3 eetlepels ongezouten boter

4 groene uien, in plakjes gesneden en in dunne plakjes gesneden

2 kopjes verse gepelde erwten of 1 (10-ounce) pakket bevroren erwten

1 theelepel suiker

Zout

4 dunne plakjes geïmporteerde Italiaanse prosciutto, kruislings in dunne reepjes gesneden

1. Smelt 2 eetlepels boter in een middelgrote pan. Voeg groene uien toe en kook gedurende 1 minuut.

2. Voeg erwten, suiker en zout naar smaak toe. Voeg 2 eetlepels water toe en dek de pan af. Kook tot de erwten gaar zijn, 5 tot 10 minuten.

3.Voeg prosciutto en de resterende eetlepel boter toe. Laat nog 1 minuut koken en serveer warm.

Zoete erwten met salade en munt

Piselli alla Munt

Voor 4 porties

Zelfs diepvrieserwten worden op deze manier vers geplukt. De sla voegt een lichte crunch toe, terwijl de munt een frisse, heldere smaak toevoegt.

2 eetlepels ongezouten boter

¼ kopje ui, zeer fijngehakt

2 kopjes verse gepelde erwten of 1 (10-ounce) pakket bevroren erwten

1 kopje gehakte slablaadjes

12 muntblaadjes, in stukjes gesneden

Zout en versgemalen zwarte peper

1. Smelt de boter in een middelgrote pan op middelhoog vuur. Voeg de ui toe en kook tot hij zacht en goudbruin is, ongeveer 10 minuten.

2. Voeg erwten, sla, muntblaadjes en zout en peper naar smaak toe. Voeg 2 eetlepels water toe en dek de pan af. Kook 5 tot 10 minuten of tot de erwten gaar zijn. Serveer warm.

Paaserwtensalade

Paassalade

Voor 4 porties

In de jaren vijftig werd Romeo Salta beschouwd als een van de beste Italiaanse restaurants in New York. Het viel op omdat het heel elegant was en Noord-Italiaans eten serveerde in een tijd dat de meeste mensen alleen maar familierestaurants kenden die gerechten met rode sauzen uit het Zuiden serveerden. Eigenaar Romeo Salta leerde het restaurantvak kennen door te werken op luxe cruiseschepen, die destijds het beste oefenterrein waren voor restaurantpersoneel. Deze salade verscheen rond Pasen op het menu, toen er volop verse erwten waren. Het originele recept bevatte ook ansjovis, hoewel ik de voorkeur geef aan de salade zonder deze. Soms voeg ik gesneden Zwitserse of soortgelijke kaas toe aan de prosciutto.

2 1/2 kopjes verse gepelde erwten of 1 (10-ounce) pakket bevroren erwten

Zout

1 gekookt eigeel

1/4 kop olijfolie

1/4 kopje citroensap

vers gemalen zwarte peper

2 ons gesneden geïmporteerde Italiaanse prosciutto, kruislings in dunne reepjes gesneden

1. Breng voor verse of bevroren erwten een middelgrote pan water aan de kook. Voeg erwten en zout naar smaak toe. Kook tot de erwten net gaar zijn, ongeveer 3 minuten. Giet de erwten af. Koel ze af onder koud stromend water. Droog de erwten.

2. Klop de dooier in een serveerschaal met een vork. Meng olie, citroensap en zout en peper naar smaak. Voeg de erwten toe en meng voorzichtig. Voeg de prosciuttoblaadjes toe en serveer onmiddellijk.

geroosterde paprika

Pepperoni Arrostiti

Voor 8 maaltijden

Geroosterde paprika's zijn lekker in salades, omeletten en sandwiches. Ze zijn ook goed in te vriezen, dus je kunt er in de zomer een batch van maken als er veel paprika's zijn en deze bewaren voor de winter.

8 grote rode, gele of groene paprika's

1. Bedek de bakplaat met aluminiumfolie. Plaats de pan op ongeveer 3 cm afstand van de warmtebron. Doe de hele paprika in de pan. Zet de grill op de hoogste stand. Grill de paprika's, vaak kerend met een tang, gedurende ongeveer 15 minuten of tot de schil blaren en verkoold is. Doe de paprika's in een kom. Dek af met aluminiumfolie en laat afkoelen.

2. Snijd de paprika doormidden en laat het sap in een kom uitlekken. Schil de schil en gooi de zaden en stengels weg.

3. Snijd de paprika's in de lengte in reepjes van 1 inch en doe ze in een serveerschaal. Zeef het sap over de paprika's.

4. Serveer op kamertemperatuur of zet in de koelkast en serveer koud. Bewaar de paprika's 3 dagen in de koelkast of 3 maanden in de vriezer.

Salade van geroosterde paprika

Insalata di Pepperoni Arrostiti

Voor 8 maaltijden

Serveer deze paprika's als onderdeel van een aperitiefhapje, als bijgerecht bij gegrilde tonijn of varkensvlees, of als aperitiefhapje met gesneden verse mozzarella.

1 recept (8 paprika's)geroosterde paprika

⅓ kopje extra vergine olijfolie

4 basilicumblaadjes, in stukjes gesneden

2 teentjes knoflook, in dunne plakjes gesneden

Zout en versgemalen zwarte peper

Bereid indien nodig paprika voor. Besprenkel de paprika's met olie, basilicum, knoflook en peper en zout naar smaak. Laat 1 uur staan alvorens te serveren.

Geroosterde paprika met uien en kruiden

Pepperoni Arrostiti met Cipolla

Voor 4 porties

Serveer deze paprika's warm of op kamertemperatuur. Ze vormen ook een goede topping voor crostini.

½ receptgeroosterde paprika; gebruik rode of gele paprika

1 middelgrote ui, gehalveerd en in dunne plakjes gesneden

Een snufje gemalen rode peper

2 eetlepels olijfolie

Zout

1 1/2 theelepel gedroogde oregano, geplet

2 eetlepels gehakte verse peterselie

1. Bereid indien nodig de paprika tot stap 3. Giet de paprika's vervolgens af en snijd ze in de lengte in reepjes van een halve centimeter.

2. Kook in een middelgrote koekenpan de ui met gemalen rode peper in olie op middelhoog vuur tot de ui zacht en goudbruin is, ongeveer 10 minuten. Voeg paprika, oregano en zout naar smaak toe. Kook, af en toe roerend, tot het gaar is, ongeveer 5 minuten. Voeg de peterselie toe en kook nog 1 minuut. Serveer warm of op kamertemperatuur.

Geroosterde paprika met tomaten

Pepperoni in de oven

Voor 4 porties

In dit recept uit Abruzzo geeft verse, niet te hete chili de smaak aan de paprika. Geplette rode peper of een kleine gedroogde chili kan worden vervangen. Deze paprika's zijn lekker voor op een broodje.

2 grote rode paprika's

2 grote gele paprika's

1 chilipeper, zoals jalapeno, zonder zaadjes en fijngehakt

3 eetlepels olijfolie

Zout

2 fijngehakte teentjes knoflook

2 middelgrote tomaten, geschild, zonder zaadjes en in plakjes gesneden

1. Plaats het rooster in het midden van de oven. Verwarm de oven voor op 400 ° F. Vet een grote ovenschaal in. Leg de paprika's op een snijplank. Houd de steel in één hand en plaats de snede van een groot, zwaar koksmes net achter de rand van het deksel.

Afsnijden. Draai de paprika 90° en snijd hem opnieuw in plakjes. Herhaal, draai en knip de resterende twee zijden. Gooi het hart, de zaden en de stengel weg; deze zijn in één stuk. Snijd de vliezen door en schraap de zaden eruit.

2. Snijd de paprika's in de lengte in reepjes van 1 inch. Voeg chilipepers toe aan de pan. Voeg olie en zout naar smaak toe en meng goed. Verdeel de paprika's over de bakplaat.

3. Bak de paprika's gedurende 25 minuten. Voeg knoflook en tomaten toe en meng goed. Bak nog eens 20 minuten of tot de paprika gaar is als je er met een mes in prikt. Serveer warm.

Paprika met balsamicoazijn

Balsamico pepperoni

Voor 6 maaltijden

De zoetheid van de balsamicoazijn complementeert de zoetheid van de paprika. Serveer warm met varkens- of lamskoteletjes, of op kamertemperatuur met koude kip of gebraden varkensvlees.

6 grote rode paprika's

1/4 kop olijfolie

Zout en versgemalen zwarte peper

2 eetlepels balsamicoazijn

1. Plaats het rooster in het midden van de oven. Verwarm de oven voor op 400 ° F. Leg de paprika's op een snijplank. Houd de steel in één hand en plaats de snede van een groot, zwaar koksmes net achter de rand van het deksel. Afsnijden. Draai de paprika 90° en snijd hem opnieuw in plakjes. Herhaal, draai en knip de resterende twee zijden. Gooi het hart, de zaden en de stengel weg; deze zijn in één stuk. Snijd de vliezen door en schraap de zaden eruit.

2. Snijd de paprika in reepjes van 1 inch. Doe ze in een grote, ondiepe pan met olie, zout en peper. Goed mengen. Bak de paprika's gedurende 30 minuten.

3. Voeg azijn toe. Rooster de paprika nog eens 20 minuten of tot hij zacht is. Serveer warm of op kamertemperatuur.

ingemaakte paprika's

Pepperoni Sott'Aceto

Maakt 2 pinten

Kleurrijke ingemaakte paprika's zijn heerlijk op de boterham of bij vleeswaren. Deze kunnen we gebruiken bij het knutselenPepersaus in Molise-stijl.

2 grote rode paprika's

2 grote gele paprika's

Zout

2 kopjes witte wijnazijn

2 kopjes water

Een snufje gemalen rode peper

1. Leg de paprika's op een snijplank. Houd de steel in één hand en plaats de snede van een groot, zwaar koksmes net achter de rand van het deksel. Afsnijden. Draai de paprika 90° en snijd hem opnieuw in plakjes. Herhaal, draai en knip de resterende twee zijden. Gooi het hart, de zaden en de stengel weg; deze zijn in één stuk. Snijd de vliezen door en schraap de zaden eruit.

Snijd de paprika's in de lengte in reepjes van 1 inch. Doe de paprika's in een vergiet op een bord en bestrooi met zout. Laat 1 uur staan om uit te lekken.

2. Combineer de azijn, het water en de gemalen rode peper in een niet-reactieve pan. Laten we koken. Haal van het vuur en laat iets afkoelen.

3. Was de paprika's onder koud water en droog ze. Verpak de paprika's in 2 gesteriliseerde potten van een halve liter. Giet het afgekoelde azijnmengsel erbij en sluit af. Laat het 1 week op een koele, donkere plaats staan voor gebruik.

Peper met amandelen

Pepperoni allemaal Mandorle

Voor 4 porties

Een oude vriendin van mijn moeder, wiens familie afkomstig was van Ischia, een klein eiland in de baai van Napels, gaf haar dit recept. Ze serveerde het het liefst als lunch op sneetjes Italiaans brood, goudbruin geroosterd in olijfolie.

2 rode en 2 gele paprika's

1 teentje knoflook, licht geplet

3 eetlepels olijfolie

2 middelgrote tomaten, geschild, zonder zaadjes en in plakjes gesneden

1/4 kopje water

2 eetlepels kappertjes

4 gehakte ansjovisfilets

4 ons geroosterde amandelen, grof gehakt

1. Leg de paprika's op een snijplank. Houd de steel in één hand en plaats de snede van een groot, zwaar koksmes net achter de rand van het deksel. Afsnijden. Draai de paprika 90° en snijd hem opnieuw in plakjes. Herhaal, draai en knip de resterende twee zijden. Gooi het hart, de zaden en de stengel weg; deze zijn in één stuk. Snijd de vliezen door en schraap de zaden eruit.

2. Fruit de knoflook in olie in een grote pan op middelhoog vuur en druk de knoflook een of twee keer aan met de achterkant van een lepel. Zodra het lichtbruin is, ongeveer 4 minuten, gooit u de knoflook weg.

3. Voeg paprikapoeder toe aan de pan. Kook, vaak roerend, tot ze gaar zijn, ongeveer 15 minuten.

4. Voeg tomaten en water toe. Kook tot de saus dikker wordt, nog ongeveer 15 minuten.

5. Voeg kappertjes, ansjovis en amandelen toe. Probeer zout. Kook nog 2 minuten. Laat iets afkoelen voordat je het serveert.

Paprika's met tomaten en uien

Pepperoni

Voor 4 porties

Elke regio lijkt zijn eigen versie van peperonata te hebben. Sommigen voegen kappertjes, olijven, kruiden of ansjovis toe. Het wordt geserveerd als bijgerecht of als saus bij gegrild varkensvlees of vis.

4 rode of gele paprika's (of een mengsel)

2 middelgrote uien, in dunne plakjes gesneden

3 eetlepels olijfolie

3 grote tomaten, geschild, zonder zaadjes en grof gesneden

1 fijngehakt teentje knoflook

Zout

1. Leg de paprika's op een snijplank. Houd de steel in één hand en plaats de snede van een groot, zwaar koksmes net achter de rand van het deksel. Afsnijden. Draai de paprika 90° en snijd hem opnieuw in plakjes. Herhaal, draai en knip de resterende twee zijden. Gooi het hart, de zaden en de stengel weg; deze zijn

in één stuk. Snijd de vliezen door en schraap de zaden eruit. Snijd de paprika in reepjes van 1/4 inch.

2.In een grote koekenpan op middelhoog vuur kook je de ui in de olijfolie tot ze zacht en goudbruin is, ongeveer 10 minuten. Voeg de paprikareepjes toe en kook nog eens 10 minuten.

3.Voeg tomaten, knoflook en zout naar smaak toe. Dek af en kook gedurende 20 minuten, of tot de paprika's zacht zijn als je er met een mes in prikt. Als er veel vloeistof achterblijft, haal deze dan los en kook tot de saus dikker wordt en indikt. Serveer warm of op kamertemperatuur.

Gevulde paprika

Rijpe peperoni

Voor 4 tot 8 porties

Mijn oma maakte deze paprika's altijd in de zomer. Ik bakte ze 's ochtends in een grote zwarte pan, en tegen lunchtijd waren ze precies op temperatuur om met gesneden brood te serveren.

1¼ kopjes droge, natuurlijke Italiaanse of Franse broodkruimels

⅓ kop vers geraspte Pecorina Romano of Parmigiano-Reggiano

1/4 kop gehakte verse peterselie

1 fijngehakt teentje knoflook

Zout en versgemalen zwarte peper

Ongeveer een half kopje olijfolie

8 lange lichtgroene Italiaanse paprika's om te bakken

3 kopjes gepelde, gezaaide en in blokjes gesneden verse tomaten of 1 blikje geplette tomaten

6 verse basilicumblaadjes, in stukjes gesneden

1. Meng broodkruim, kaas, peterselie, knoflook en zout en peper naar smaak in een kom. Voeg 3 eetlepels olie toe, of genoeg om de kruimels gelijkmatig te bevochtigen.

2. Snijd de bovenkant van de paprika's af en verwijder de zaadjes. Giet het paneermeelmengsel over de paprika's en laat ongeveer 2,5 cm ruimte aan de bovenkant vrij. Doe de paprika's niet te vol, anders loopt de vulling eruit tijdens het koken.

3. Verhit in een grote koekenpan een kwart kopje olie op middelhoog vuur tot de stukjes paprika in de pan beginnen te sissen. Voeg voorzichtig paprika toe met een tang. Kook, af en toe draaiend met een tang, tot ze aan alle kanten goudbruin zijn, ongeveer 20 minuten.

4. Snijd de tomaten, basilicum en zout en peper naar smaak rond de paprika. Laten we koken. Dek af en kook, waarbij u de paprika's een of twee keer draait, tot ze zeer zacht zijn, ongeveer 15 minuten. Als de saus te droog is, voeg dan een beetje water toe. Ontdek en kook tot de saus dik is, nog ongeveer 5 minuten. Serveer warm of op kamertemperatuur.

Gevulde paprika's op Napolitaanse wijze

Pepperoni alla Nonna

Voor 6 maaltijden

Terwijl Sicilianen talloze manieren hebben om aubergines te koken, zijn Napolitanen net zo creatief met paprika. Dit is weer een typisch Napolitaans recept dat mijn grootmoeder altijd maakte.

2 middelgrote aubergines (elk ongeveer 1 pond)

6 grote rode, gele of groene paprika's, in reepjes van 1/2 inch gesneden

1/2 kopje plus 3 eetlepels olijfolie

3 middelgrote tomaten, geschild, zonder zaadjes en in plakjes gesneden

3/4 kopje zachte, in olie gedroogde zwarte olijven zonder pit, zoals Gaeta

6 dun gesneden ansjovisfilets

3 eetlepels kappertjes, afgespoeld en uitgelekt

1 groot teentje knoflook, gepeld en fijngehakt

3 eetlepels gehakte verse peterselie

vers gemalen zwarte peper

½ kopje plus 1 eetlepel paneermeel

1. Maak de aubergine schoon en snijd hem in blokjes van 3/4 inch. Doe de stukjes in een vergiet en bestrooi elke laag met zout. Zet de zeef op een bord en laat 1 uur uitlekken. Was de aubergines en droog ze af met keukenpapier.

2. Verhit ½ kopje olie in een grote koekenpan op middelhoog vuur. Voeg de aubergine toe en kook, af en toe roerend, tot ze gaar zijn, ongeveer 10 minuten.

3. Voeg tomaten, olijven, ansjovis, kappertjes, knoflook, peterselie en peper naar smaak toe. Breng aan de kook en kook nog eens 5 minuten. Voeg 1/2 kopje broodkruimels toe en haal van het vuur.

4. Plaats het rooster in het midden van de oven. Verwarm de oven voor op 200 ° F. Vet een bakvorm in die groot genoeg is om de paprika's rechtop te houden.

5. Snijd de steeltjes van de paprika's en verwijder de zaadjes en het witte vel. Vul de paprika's met het auberginemengsel. Plaats de paprika's in de voorbereide pan. Bestrooi met de resterende 1 eetlepel paneermeel en besprenkel met de resterende 3 eetlepels olie.

6.Giet 1 kopje water rond de paprika's. Bak gedurende 1 uur en 15 minuten of tot de paprika's heel zacht en lichtbruin zijn. Serveer warm of op kamertemperatuur.

Gevulde paprika's, Ada Boni-stijl

Pepperoni Ripieni alla Ada Boni

Voor 4 tot 8 porties

Ada Boni was een beroemde Italiaanse voedselschrijver en auteur van vele kookboeken. Zijn Regionale Italiaanse keuken is een klassieker en een van de eerste boeken over dit onderwerp die in het Engels is vertaald. Dit recept is overgenomen uit het hoofdstuk Sicilië.

4 middelgrote rode of gele paprika's

1 kop geroosterd broodkruim

4 eetlepels rozijnen

1/2 kop ontpitte zachte zwarte olijven

6 gehakte ansjovisfilets

2 eetlepels gehakte verse basilicum

Spoel af, laat uitlekken en hak 2 eetlepels kappertjes fijn

1/4 kopjes plus 2 eetlepels olijfolie

1 kopje Siciliaanse tomatensaus

1. Plaats het rooster in het midden van de oven. Verwarm de oven voor op 375 ° F. Vet een ovenschaal van 13 x 9 x 2 inch in.

2. Snijd de paprika met een groot, zwaar koksmes in de lengte doormidden. Snijd de stengels, zaden en witte vliezen af.

3. Meng in een grote kom broodkruimels, rozijnen, olijven, ansjovis, basilicum, kappertjes en ¼ kopje olie. Proef en pas kruiden aan. (Zout is waarschijnlijk niet nodig.)

4. Giet het mengsel in de paprikahelften. Giet de saus erover. Bak gedurende 50 minuten of tot de paprika's heel zacht zijn als je er met een mes in prikt. Serveer warm of op kamertemperatuur.

Gebakken peper

Pepperoni Fritti

Voor 6 tot 8 porties

Knapperig en zoet zijn moeilijk te weerstaan. Serveer ze met een tortilla of ander gekookt vlees.

4 grote rode of gele paprika's

1/2 kopje bloem voor alle doeleinden

Zout

1. Leg de paprika's op een snijplank. Houd de steel in één hand en plaats de snede van een groot, zwaar koksmes net achter de rand van het deksel. Afsnijden. Draai de paprika 90° en snijd hem opnieuw in plakjes. Herhaal, draai en knip de resterende twee zijden. Gooi het hart, de zaden en de stengel weg; deze zijn in één stuk. Snijd de vliezen door en schraap de zaden eruit. Snijd de paprika in reepjes van 1/4 inch.

2. Verhit ongeveer 5 cm olie in een diepe koekenpan tot de temperatuur op een frituurthermometer 375 ° F bereikt.

3. Bekleed de lade met papieren handdoeken. Zeef de bloem in een ondiepe kom. Rol de paprikareepjes door de bloem, schud het overtollige eraf.

4. Voeg de paprikareepjes beetje bij beetje toe aan de hete olie. Bak tot ze goudbruin en gaar zijn, ongeveer 4 minuten. Laat uitlekken op keukenpapier. Bak de rest in batches, op dezelfde manier. Bestrooi met zout en serveer onmiddellijk.

Gestoofde paprika met courgette en munt

Pepperoni en Courgette in Padella

Voor 6 maaltijden

Hoe langer het staat, hoe lekkerder het smaakt, dus maak het vroeg in de ochtend om te serveren voor een latere maaltijd.

1 rode paprika

1 gele paprika

2 eetlepels olijfolie

4 kleine courgettes, in plakjes van 1/4 inch gesneden

Zout

2 eetlepels witte wijnazijn

2 teentjes knoflook, heel fijn gesneden

2 eetlepels gehakte verse munt

1 1/2 theelepel gedroogde oregano

Een snufje gemalen rode peper

1. Leg de paprika's op een snijplank. Houd de steel in één hand en plaats de snede van een groot, zwaar koksmes net achter de rand van het deksel. Afsnijden. Draai de paprika 90° en snijd hem opnieuw in plakjes. Herhaal, draai en knip de resterende twee zijden. Gooi het hart, de zaden en de stengel weg; deze zijn in één stuk. Snijd de vliezen door en schraap de zaden eruit. Snijd de paprika in reepjes van 1 inch.

2. Verhit de olie in een grote pan op middelhoog vuur. Voeg de paprika toe en kook al roerend 10 minuten.

3. Courgette en zout naar smaak toevoegen. Kook, onder regelmatig roeren, tot de courgette gaar is, ongeveer 15 minuten.

4. Terwijl de groenten koken, meng je de azijn, knoflook, kruiden, rode peper en zout naar smaak in een middelgrote kom.

5. Voeg paprika en courgette toe. Laat staan totdat de groenten op kamertemperatuur komen. Proef en pas kruiden aan.

Terrine van geroosterde paprika en aubergine

Pepperoni en aubergine-formaat

Voor 8 tot 12 porties

Dit is een bijzondere en mooie terrine gemaakt van ingelegde paprika, aubergines en aromaten. Na afkoeling geleert het pepersap een beetje en houdt het de terrine bij elkaar. Serveer als voorgerecht of als bijgerecht bij gegrild vlees.

4 groterode pepers, geroosterd en geschild

2 grote aubergines (elk ongeveer 1½ pond)

Zout

Olijfolie

¹1/2 kop gehakte verse basilicumblaadjes

4 grote teentjes knoflook, gepeld, zonder zaadjes en fijngehakt

¹1/4 kopje rode wijnazijn

vers gemalen zwarte peper

1. Bereid indien nodig paprika voor. Maak de aubergine schoon en snijd hem in de lengte in plakjes van een halve centimeter dik. Leg de plakjes in een vergiet en bestrooi elke laag met zout. Laat minimaal 30 minuten staan.

2. Verwarm de oven voor op 450 ° F. Vet twee grote gelatinevormen in met olie.

3. Spoel de plakjes aubergine af met koud water en droog ze af met keukenpapier. Schik de aubergines in een enkele laag in de vormen. Bestrijk met olie. Bak de aubergines ongeveer 10 minuten tot ze licht goudbruin zijn aan de bovenkant. Draai de stukken met een tang en bak nog eens 10 minuten of tot ze zacht en lichtbruin zijn.

4. Laat de paprika's uitlekken en snijd ze in reepjes van 1 inch.

5. Bekleed een broodvorm van 8 x 4 x 3 inch met plasticfolie. Leg een laag aubergineplakken op de bodem van de ovenschaal, zodat ze iets overlappend zijn. Verdeel de geroosterde paprika's over de aubergines. Bestrooi met basilicum, knoflook, azijn, olie en zout en peper naar smaak. Ga door met het aanbrengen van laagjes en knijp elke laag stevig samen totdat alle ingrediënten zijn gebruikt. Dek af met plasticfolie en verzwaar de inhoud met

een andere bakvorm gevuld met zware modellen. Zet minimaal 24 uur of maximaal 3 dagen in de koelkast.

6. Om te serveren haalt u de terrine eraf en zet u deze op een serveerschaal. Verwijder voorzichtig de plastic folie. Snij de terrine in dikke plakken. Serveer koud of op kamertemperatuur.

zoetzure aardappelen

Aardappelen in Agrodolce

Voor 6 tot 8 porties

Dit is een Siciliaanse aardappelsalade, geserveerd op kamertemperatuur met gegrilde ribben, kip of worstjes.

2 pond aardappelen voor alle doeleinden, zoals Yukon Gold

1 ui

2 eetlepels olijfolie

1 kopje ontpitte, zachte zwarte olijven zoals Gaeta

2 eetlepels kappertjes

Zout en versgemalen zwarte peper

2 eetlepels witte wijnazijn

2 eetlepels suiker

1. Was de aardappelen met een borstel onder koud stromend water. Schil ze indien gewenst. Snijd de aardappelen in helften of

in vieren als ze groot zijn. Kook de ui in een grote koekenpan in olie tot ze zacht en goudbruin is, ongeveer 10 minuten.

2. Voeg aardappelen, olijven, kappertjes en zout en peper naar smaak toe. Voeg 1 kopje water toe en laat het koken. Kook gedurende 15 minuten.

3. Meng de azijn en suiker in een kleine kom en voeg toe aan de pan. Ga door met koken tot de aardappelen gaar zijn, ongeveer 5 minuten. Haal van het vuur en laat volledig afkoelen. Serveer op kamertemperatuur.

Aardappelen met balsamicoazijn

Aardappelen en Balsamico

Voor 6 maaltijden

Rode ui en balsamicoazijn geven deze aardappelen smaak. Ze zijn ook goed op kamertemperatuur.

2 pond aardappelen voor alle doeleinden, zoals Yukon Gold

2 eetlepels olijfolie

1 grote rode ui, gehakt

2 eetlepels water

Zout en versgemalen zwarte peper

2 eetlepels balsamicoazijn

1. Was de aardappelen met een borstel onder koud stromend water. Schil ze indien gewenst. Snijd de aardappelen in helften of in vieren als ze groot zijn.

2. Verhit de olie in een middelgrote koekenpan op middelhoog vuur. Voeg aardappelen, uien, water en zout en peper naar

smaak toe. Dek de pan af en zet het vuur laag. Kook gedurende 20 minuten of tot de aardappelen gaar zijn.

3. Haal het deksel van de pan en voeg de azijn toe. Kook tot het grootste deel van de vloeistof is verdampt, ongeveer 5 minuten. Serveer warm of op kamertemperatuur.

Venetiaanse aardappelen

Aardappelen alla Veneziana

Voor 4 porties

Hoewel ik voor de meeste maaltijden Yukon Gold-aardappelen gebruik, zijn er, vooral op de markten, nog veel andere goede variëteiten verkrijgbaar die variatie toevoegen aan aardappelgerechten. Finse gele aardappelen zijn goed om te braden en bakken, terwijl Russische rode aardappelen goed zijn voor salades. Hoewel het er vreemd uitziet, kunnen blauwe aardappelen ook heel lekker zijn.

1 1/4 pond aardappelen voor alle doeleinden, zoals Yukon Gold

2 eetlepels ongezouten boter

1 eetlepel olijfolie

1 middelgrote ui, gehakt

Zout en versgemalen zwarte peper

2 eetlepels gehakte verse peterselie

1. Was de aardappelen met een borstel onder koud stromend water. Schil ze indien gewenst. Snijd de aardappelen in helften of

in vieren als ze groot zijn. Smelt de boter met de olie in een grote pan op middelhoog vuur. Voeg de ui toe en kook tot hij zacht is, ongeveer 5 minuten.

2. Voeg aardappelen en zout en peper naar smaak toe. Dek de pan af en kook, af en toe roerend, ongeveer 20 minuten of tot de aardappelen gaar zijn.

3. Voeg peterselie toe en meng goed. Serveer warm.

"Gepofte" aardappelen

sprong schot

Voor 4 porties

Als je bij een Italiaans restaurant friet bestelt, krijg je dit. De aardappelen worden licht krokant aan de buitenkant en zacht en romig aan de binnenkant. Ze worden 'springerige' aardappelen genoemd omdat ze vaak moeten worden geroerd of in de pan moeten worden gegooid.

1 1/4 pond aardappelen voor alle doeleinden, zoals Yukon Gold

1/4 kop olijfolie

Zout en versgemalen zwarte peper

1. Was de aardappelen met een borstel onder koud stromend water. Schil de aardappelen. Snijd ze in stukjes van 1 inch.

2. Giet olie in een koekenpan van 9 inch. Zet de pan op middelhoog vuur tot de olie erg heet is en als je een stukje aardappel toevoegt, gaat het sissen.

3. Droog de aardappelen goed af met keukenpapier. Voeg de aardappelen toe aan de hete olie en kook gedurende 2 minuten.

Draai de aardappelen om en kook nog 2 minuten. Ga door met koken, draai de aardappelen elke 2 minuten of tot ze aan alle kanten lichtbruin zijn, in totaal ongeveer 10 minuten.

4. Zout en peper naar smaak. Dek de pan af en kook, af en toe draaiend, tot de aardappelen gaar zijn als je er met een mes in prikt, ongeveer 5 minuten. Serveer onmiddellijk.

Versie: Knoflook- en kruidenaardappelen: Voeg in stap 4 2 teentjes knoflook, fijngehakt, en een eetlepel gehakte verse rozemarijn of salie toe.

Geroosterde aardappelen en paprika

Aardappelen en pepperoni in Padella

Voor 6 maaltijden

Paprika, knoflook en roodgloeiende pepers geven smaak aan dit hartige roerbakgerecht.

1 1/4 pond aardappelen voor alle doeleinden, zoals Yukon Gold

4 eetlepels olijfolie

2 grote rode of gele paprika's, in stukken van 1 inch gesneden

Zout

1 1/4 kop gehakte verse peterselie

2 grote teentjes knoflook

Een snufje gemalen rode peper

1. Was de aardappelen met een borstel onder koud stromend water. Schil de aardappelen en snijd ze in stukken van 1 inch.

2. Verhit 2 eetlepels olie in een grote koekenpan op middelhoog vuur. Droog de aardappelen goed af met keukenpapier en plaats

ze in de pan. Kook de aardappelen, af en toe roerend, tot ze bruin beginnen te worden, ongeveer 10 minuten. Bestrooi met zout. Dek de pan af en kook gedurende 10 minuten.

3. Terwijl de aardappelen koken, verwarm je de resterende 2 eetlepels olie in een aparte koekenpan op middelhoog vuur. Voeg paprikapoeder en zout naar smaak toe. Kook, af en toe roerend, tot de paprika's bijna gaar zijn, ongeveer 10 minuten.

4. Roer de aardappelen erdoor en voeg dan de paprika toe. Voeg peterselie, knoflook en gemalen rode peper toe. Kook tot de aardappelen gaar zijn, ongeveer 5 minuten. Serveer warm.

Aardappelpuree met peterselie en knoflook

Aardappelen Schiacciate all'Aglio e Prezzemolo

Voor 4 porties

Aardappelpuree krijgt de Italiaanse behandeling met peterselie, knoflook en olijfolie. Als je van pittige aardappelen houdt, voeg dan een flinke snuf gemalen rode peper toe.

1 1/4 pond aardappelen voor alle doeleinden, zoals Yukon Gold

Zout

1 1/4 kop olijfolie

1 groot teentje knoflook, fijngehakt

1 eetlepel gehakte verse peterselie

vers gemalen zwarte peper

1. Was de aardappelen met een borstel onder koud stromend water. Schil de aardappelen en snijd ze in vieren. Doe de aardappelen in een middelgrote pan met koud water en zout naar smaak. Dek af en breng aan de kook. Kook gedurende 15 minuten of tot de aardappelen gaar zijn als u er met een mes in prikt. Giet de aardappelen af en bewaar een beetje water.

2. Droog de container waarin de aardappelen gekookt zijn. Voeg 2 eetlepels olie en knoflook toe en kook op middelhoog vuur tot de knoflook geurig is, ongeveer 1 minuut. Voeg aardappelen en peterselie toe aan de pan. Pureer de aardappelen met een stamper of een vork en meng goed om te mengen met de knoflook en peterselie. Voeg de resterende olie, zout en peper naar smaak toe. Voeg indien nodig een beetje kookwater toe. Serveer onmiddellijk.

Versie: Olijvenpuree: voeg vlak voor het serveren 2 eetlepels gehakte zwarte of groene olijven toe.

Nieuwe aardappelen met kruiden en spek

Chips allemaal Erbe Aromatiche

Voor 4 porties

Nieuwe aardappelen zijn op deze manier heerlijk gekookt. (Nieuwe aardappelen zijn geen variëteit. Elke vers gegraven aardappel met een dunne schil kan een nieuwe aardappel worden genoemd.) Als er geen nieuwe aardappelen beschikbaar zijn, gebruik dan universele aardappelen.

1 1/4 pond kleine nieuwe aardappelen

2 ons gesneden spek, in blokjes gesneden

1 middelgrote ui, gehakt

2 eetlepels olijfolie

1 fijngehakt teentje knoflook

6 verse basilicumblaadjes, in stukjes gesneden

1 theelepel gehakte verse rozemarijn

1 laurierblad

Zout en versgemalen zwarte peper

1. Was de aardappelen met een borstel onder koud stromend water. Schil ze indien gewenst. Snijd de aardappelen in stukjes van 1 inch.

2. Meng de pancetta, ui en olijfolie in een grote pan. Kook op middelhoog vuur tot het zacht is, ongeveer 5 minuten.

3. Voeg de aardappelen toe en kook gedurende 10 minuten, af en toe roerend.

4. Voeg knoflook, basilicum, rozemarijn, laurier en zout en peper naar smaak toe. Dek de pan af en kook nog eens 20 minuten, af en toe roerend, tot de aardappelen gaar zijn als je er met een vork in prikt. Voeg een beetje water toe als de aardappelen te snel bruin beginnen te worden.

5. Verwijder het laurierblad en serveer warm.

Aardappelen met tomaten en uien

Aardappelen alla Pizzaiola

Voor 6 tot 8 porties.

Gebakken aardappelen met pizzasmaak zijn typisch voor Napels en andere delen van het zuiden.

2 pond aardappelen voor alle doeleinden, zoals Yukon Gold

2 grote tomaten, geschild, zonder zaadjes en in blokjes gesneden

2 middelgrote uien, in plakjes gesneden

1 fijngehakt teentje knoflook

1 1/2 theelepel gedroogde oregano

1 1/4 kop olijfolie

Zout en versgemalen zwarte peper

1. Verwarm de oven voor op 200°C. Boen de aardappelen met een borstel onder koud stromend water. Schil ze indien gewenst. Snijd de aardappelen in stukjes van 1 inch. Meng op een bakplaat die groot genoeg is om de ingrediënten in één laag te leggen de aardappelen, tomaten, uien, knoflook, oregano, olie en

zout en peper naar smaak. Verdeel de ingrediënten gelijkmatig over de bakplaat.

2. Plaats het rooster in het midden van de oven. Grill de groenten, 2-3 keer roerend, gedurende 1 uur of tot de aardappelen gaar zijn. Serveer warm.

Geroosterde aardappelen met knoflook en rozemarijn

Arrosto-aardappelen

Voor 4 porties

Ik kan nooit genoeg krijgen van deze knapperige hash browns. Niemand kan ze weerstaan. De truc om ze te maken is om een pan te gebruiken die groot genoeg is, zodat de aardappelstukjes elkaar nauwelijks raken en niet op elkaar worden gestapeld. Als uw pan niet groot genoeg is, gebruik dan een gelei-muffinpan van 15 x 10 x 1 inch of gebruik twee kleinere pannen.

2 pond aardappelen voor alle doeleinden, zoals Yukon Gold

1 1/4 kop olijfolie

1 eetlepel gehakte verse rozemarijn

Zout en versgemalen zwarte peper

2 teentjes knoflook, fijngehakt

1. Plaats het rooster in het midden van de oven. Verwarm de oven voor op 200°C. Schrob de aardappelen met een borstel onder koud stromend water. Schil ze indien gewenst. Snijd de

aardappelen in stukjes van 1 inch. Droog de aardappelen met keukenpapier. Schik ze in een ovenschaal die groot genoeg is om de aardappelen in één laag te houden. Besprenkel met olie en bestrooi met rozemarijn en zout en peper naar smaak. Verdeel de aardappelen gelijkmatig.

2. Bak de aardappelen op de grill en roer elke 15 minuten gedurende 45 minuten. Voeg de knoflook toe en kook nog eens 15 minuten of tot de aardappelen gaar zijn. Serveer warm.

Gebakken aardappelen met champignons

Aardappelen en Funghi al Oven

Voor 6 maaltijden

Tijdens het braden in dezelfde pan krijgen de aardappelen een paddenstoel- en knoflookaroma.

1½ pond aardappelen voor alle doeleinden, zoals Yukon Gold

1 pond champignons, welke soort dan ook, gehalveerd of in vieren gesneden als ze groot zijn

¹1/4 kop olijfolie

2 tot 3 teentjes knoflook, in dunne plakjes gesneden

Zout en versgemalen zwarte peper

2 eetlepels gehakte verse peterselie

1. Plaats het rooster in het midden van de oven. Verwarm de oven voor op 200°C. Schrob de aardappelen met een borstel onder koud stromend water. Schil ze indien gewenst. Snijd de aardappelen in stukjes van 1 inch. Doe de aardappelen en champignons in een grote ovenschaal. Besprenkel de groenten

met olie, knoflook en bestrooi royaal met een snufje zout en peper.

2. Grill de groenten gedurende 15 minuten. Gooi ze goed. Bak nog eens 30 minuten, af en toe roerend, of tot de aardappelen gaar zijn. Bestrooi met gehakte peterselie en serveer warm.

Aardappelen en bloemkool in basiliekstijl

Aardappelen en Cavolfiore al Oven

Maak 4 tot 6

Gooi een ovenschotel met aardappelen en bloemkool in de oven, samen met geroosterd varkensvlees of kip voor een geweldig zondagsdiner. De groenten moeten knapperig en goudbruin zijn aan de randen, en hun smaak moet worden versterkt door de geur van oregano.

1 kleine bloemkool

1/4 kop olijfolie

3 middelgrote universele aardappelen, zoals Yukon gold, in vieren

1/2 theelepel gedroogde oregano, geplet

Zout en versgemalen zwarte peper

1. Snijd de bloemkool in roosjes van 2 inch. Snijd de uiteinden van de stengels af. Snijd dikke stengels kruislings in plakjes van 1/4 inch.

2. Plaats het rooster in het midden van de oven. Verwarm de oven voor op 400 ° F. Giet olie in een ovenschaal van 13 x 9 x 2 inch. Voeg de groenten toe en meng goed. Bestrooi met oregano en zout en peper naar smaak. Roer opnieuw.

3. Bak gedurende 45 minuten of tot de groenten zacht en goudbruin zijn. Serveer warm.

Aardappelen en kool in een pan

Patate e Cavolo en Tegame

Voor 4 tot 6 maaltijden

Variaties op dit gerecht bestaan in heel Italië. In Friuli wordt gerookte pancetta toegevoegd aan een pan met uien. Ik ben dol op deze eenvoudige versie van Basilicata. De lichtroze kleur van de ui complementeert de romige witte aardappelen en groene kool. De aardappelen worden zo papperig dat ze op aardappelpuree lijken als de kool zacht is.

3 eetlepels olijfolie

1 middelgrote rode ui, gehakt

1/2 middelgrote kool, in dunne plakjes gesneden (ongeveer 4 kopjes)

3 middelgrote universele aardappelen, zoals Yukon Gold, geschild en in kleine stukjes gesneden

1/2 kopje water

Zout en versgemalen zwarte peper

1. Giet olie in een grote pan. Voeg de ui toe en kook op middelhoog vuur, vaak roerend, tot ze zacht is, ongeveer 5 minuten.

2. Voeg kool, aardappelen, water en zout en peper naar smaak toe. Dek af en kook, af en toe roerend, gedurende 30 minuten of tot de groenten gaar zijn. Als de groenten aan elkaar beginnen te plakken, voeg dan nog wat water toe. Serveer warm.

Aardappel- en spinazietaart

Torta van Patate en Spinaci

Voor 8 maaltijden

Toen ik deze gelaagde groentecake in Rome at, werd deze gemaakt met radicchio in plaats van spinazie. Romeinse radicchio lijkt op een jonge paardenbloem of een rijpe rucola. Spinazie is een goede vervanger voor radicchio. Voor de beste smaak wacht u tot het gerecht iets is afgekoeld voordat u het serveert.

2 pond aardappelen voor alle doeleinden, zoals Yukon Gold

Zout

4 eetlepels ongezouten boter

1 kleine ui, zeer fijn gesneden

1½ pond gehakte spinazie, radicchio, paardebloemgroen of snijbiet

1 1/2 kopje water

1 1/2 kop warme melk

1 kop vers geraspte Parmigiano-Reggiano

vers gemalen zwarte peper

1 eetlepel paneermeel

1. Was de aardappelen met een borstel onder koud stromend water. Schil de aardappelen en plaats ze in een middelgrote pan met koud water om ze af te dekken. Voeg zout toe en dek de pot af. Breng aan de kook en kook ongeveer 20 minuten of tot de aardappelen zacht zijn.

2. Smelt 2 eetlepels boter in een kleine koekenpan op middelhoog vuur. Voeg de ui toe en kook, onder regelmatig roeren, tot de ui zacht en goudbruin is.

3. Doe de spinazie in een grote pan met een halve kop water en zout naar smaak. Dek af en kook tot ze gaar zijn, ongeveer 5 minuten. Laat goed uitlekken en knijp overtollige vloeistof eruit. Snij de spinazie op een bord.

4. Voeg de spinazie toe aan de pan en meng dit samen met de ui.

5. Als de aardappelen zacht zijn, giet je ze af en pureer ze tot een gladde massa. Voeg de resterende 2 eetlepels boter en de melk toe. Voeg 3/4 kopje kaas toe en meng goed. Breng op smaak met zout en peper.

6. Plaats het rooster in het midden van de oven. Verwarm de oven voor op 375 ° F.

7. Beboter royaal een pan van 9 inch. Schik de helft van de aardappelen op een bord. Maak een tweede laag van alle spinazie. Leg de overige aardappelen erop. Bestrooi met de resterende 1/4 kopje kaas en kruimels.

8. Bak gedurende 45 tot 50 minuten of tot de bovenkant goudbruin is. Laat 15 minuten staan voordat u het serveert.

Napolitaanse aardappelkroketten

Panzerotti of Crocche

ongeveer 24 jaar geleden

In Napels hebben pizzeria's kraampjes op straat gezet waar deze heerlijke stukjes aardappelpuree in een krokant broodkruimelomhulsel worden verkocht, zodat voorbijgangers ze gemakkelijk kunnen eten als lunch of tussendoortje. Dit is het recept van mijn grootmoeder. Bij feestdagen en feestelijke gelegenheden aten we het hele jaar door bruin vlees, meestal als bijgerecht bij rosbief.

2½ pond aardappelen voor alle doeleinden, zoals Yukon Gold

3 grote eieren

1 kop vers geraspte Pecorina Romano of Parmigiano-Reggiano

2 eetlepels gehakte verse peterselie

¼ kopje fijngehakte salami (ongeveer 2 ons)

Zout en versgemalen zwarte peper

2 kopjes droog broodkruimels

Plantaardige olie om te frituren

1. Was de aardappelen met een borstel onder koud stromend water. Doe de aardappelen in een grote pan met koud water zodat ze onder water staan. Bedek de pot en kook het water. Kook op middelhoog vuur tot de aardappelen gaar zijn als je er met een vork in prikt, ongeveer 20 minuten. Giet de aardappelen af en laat ze iets afkoelen. Schil de aardappelen. Doe ze in een grote kom en pureer ze met een blender of vork tot een gladde massa.

2. Scheid de eieren, doe de dooiers in een kleine kom en plaats het eiwit op een plat bord. Schik de kruimels op een vel vetvrij papier.

3. Voeg eidooiers, kaas, peterselie en salami toe aan de aardappelpuree. Zout en peper naar smaak.

4. Vorm met ongeveer een kwart kopje van het aardappelmengsel een worst van ongeveer 2,5 cm breed en 6,5 cm lang. Herhaal met de overige aardappelen.

5. Klop de eiwitten schuimig met een garde of een vork. Dompel de aardappelschijfjes in het eiwit en rol ze vervolgens door het paneermeel zodat ze volledig bedekt zijn. Plaats de houtblokken op een rek en laat ze 15 tot 30 minuten drogen.

6. Giet ongeveer 1/2 inch olie in een grote, zware koekenpan. Verhit op middelhoog vuur tot een beetje van het eiwit sist als het in de olie giet. Plaats voorzichtig een paar houtblokken in de pan en laat er wat ruimte tussen. Bak, af en toe draaiend met een tang, gelijkmatig bruin, ongeveer 10 minuten. Leg de gebakken kroketten op keukenpapier om uit te lekken.

7. Serveer onmiddellijk of laat de kroketten warm in een lage oven terwijl je de rest roostert.

Papa's Napolitaanse Aardappeltaart

Gatto'

Voor 6 tot 8 porties

Gatto' komt van het Franse taartje, wat 'taart' betekent. De afleiding doet mij geloven dat dit recept populair werd gemaakt door de in Frankrijk opgeleide Monzus, chef-koks die voor aristocraten kookten aan het hof van Napels.

Bij ons thuis noemden we het een aardappelkoekje, en als we op zondag geen aardappelkroketten aten, aten we dit aardappelgerecht, de specialiteit van mijn vader.

2½ pond aardappelen voor alle doeleinden, zoals Yukon Gold

Zout

¼ kopje droog broodkruimels

4 eetlepels (½ stokje) ongezouten boter, zacht

1 kopje warme melk

1 kopje plus 2 eetlepels vers geraspte Parmigiano-Reggiano

1 groot ei, losgeklopt

¼ theelepel vers geraspte nootmuskaat

Zout en versgemalen zwarte peper

8 ons vers gesneden mozzarella

4 ons geïmporteerde Italiaanse salami of prosciutto, gehakt

1. Was de aardappelen met een borstel onder koud stromend water. Doe de aardappelen in een grote pan met koud water zodat ze onder water staan. Zout naar smaak. Bedek de pot en kook het water. Kook op middelhoog vuur tot de aardappelen gaar zijn als je er met een vork in prikt, ongeveer 20 minuten. Giet af en laat iets afkoelen.

2. Plaats het rooster in het midden van de oven. Verwarm de oven voor op 400 ° F. Vet een ovenschaal van 2 kwart gallon in met boter. Bestrooi met paneermeel.

3. Schil de aardappelen, doe ze in een grote kom en pureer ze met een blender of vork tot een gladde massa. Voeg 3 eetlepels boter, melk, 1 kopje parmigiana, ei, nootmuskaat en zout en peper naar smaak toe. Voeg mozzarella en salami toe.

4. Verdeel het mengsel gelijkmatig over de voorbereide schaal. Bestrooi met de overgebleven parmigiano. Besprenkel met de resterende 1 eetlepel boter.

5. Bak gedurende 35 tot 45 minuten of tot de bovenkant goudbruin is. Laat even op kamertemperatuur staan voordat je het serveert.

gebakken tomaten

Tomaten in Padella

Voor 6 tot 8 porties

Serveer ze als bijgerecht bij gegrild vlees of op kamertemperatuur, gesneden op geroosterd brood als voorgerecht.

8 bostomaatjes

1/4 kop olijfolie

2 teentjes knoflook, fijngehakt

2 eetlepels gehakte verse basilicum

Zout en versgemalen zwarte peper

1. Was en droog de tomaten. Snijd met een klein mes elke tomaat rond de stengel in en verwijder deze. Snij de tomaat in de lengte doormidden.

2. Verhit olie met knoflook en basilicum in een grote pan op middelhoog vuur. Voeg de tomatenhelften toe, met de snijkant naar beneden. Bestrooi met zout en peper. Kook tot de tomaten

goudbruin en zacht zijn, ongeveer 10 minuten. Serveer warm of op kamertemperatuur.

gestoomde tomaten

Gestoomde tomaten

Voor 4 porties

Hier worden kleine zoete tomaatjes gekookt in hun eigen sap. Serveer ze als bijgerecht bij vlees of vis, of leg ze op een frittata. Als de tomaten niet zoet genoeg zijn, voeg dan tijdens het koken een snufje suiker toe.

1 pint kersen- of druiventomaten

2 eetlepels extra vergine olijfolie

Zout

6 basilicumblaadjes, gevouwen en in dunne reepjes gesneden

1. Was en droog de tomaten. Snijd ze door de stengel doormidden. Meng de tomaten, olie en zout in een kleine pan. Dek de pan af en zet hem op een laag vuur. Kook gedurende 10 minuten of tot de tomaten zacht zijn maar hun vorm behouden.

2. Voeg de basilicum toe. Serveer warm of op kamertemperatuur.

gebakken tomaat

Tomaten al Forno

Voor 8 maaltijden

Breng deze tomaten op smaak met een paneermeellaagje. Ze zijn lekker bij gegrilde vis en de meeste eiergerechten.

8 bostomaatjes

1 kopje broodkruimels

4 ansjovisfilets, fijngehakt

2 eetlepels kappertjes, afgespoeld en uitgelekt

1/2 kopje vers geraspte Pecorino Romano

1/2 theelepel gedroogde oregano

3 eetlepels olijfolie

Zout en versgemalen zwarte peper

1. Was en droog de tomaten. Snij de tomaat in de lengte doormidden. Schep de zaden met een kleine lepel in een fijnmazige zeef die boven een kom is geplaatst om het sap op te

vangen. Rooster het broodkruim in een grote koekenpan op matig vuur, vaak roerend, tot het geurig en bruin is, ongeveer 5 minuten. Haal van het vuur en laat iets afkoelen.

2. Plaats het rooster in het midden van de oven. Verwarm de oven voor op 400 ° F. Vet een grote ovenschaal in. Leg de tomatenschillen met de snijkant naar boven in de pan.

3. Voeg paneermeel, ansjovis, kappertjes, kaas, oregano en zout en peper toe aan een kom met tomatensap. Voeg 2 eetlepels olijfolie toe. Vul het mengsel met tomatenschillen. Besprenkel met de resterende eetlepel olie.

4. Bak gedurende 40 minuten of tot de tomaten zacht zijn en de kruimels goudbruin zijn. Serveer warm.

Farro Gevulde Tomaten

Pomodori Ripieni

Voor 4 porties

Farro, een oud graan dat populair is in Italië, is een geweldige vulling voor tomaten als het wordt gemengd met kaas en uien. Ik had zoiets bij L'Angolo Divino, een wijnbar in Rome.

1 kopje semi-parel farro (of bulgur of tarwebessenvervanger)

Zout

4 grote ronde tomaten

1 kleine ui fijngesneden

2 eetlepels olijfolie

1/4 kopjes geraspte Pecorino Romana of Parmigiano-Reggiano

vers gemalen zwarte peper

1. Breng 4 kopjes water aan de kook in een middelgrote pan. Farro en zout naar smaak toevoegen. Kook tot de farro zacht maar nog steeds taai is, ongeveer 30 minuten. Giet de farro af en doe hem in een kom.

2. In een kleine koekenpan op middelhoog vuur kook je de ui in de olie tot ze goudbruin zijn, ongeveer 10 minuten.

3. Plaats het rooster in het midden van de oven. Verwarm de oven voor op 350 ° F. Vet een kleine ovenschaal in die groot genoeg is voor de tomaten.

4. Was en droog de tomaten. Snij een plakje van een halve centimeter dik van de bovenkant van elke tomaat en zet opzij. Schep met een kleine lepel het binnenste uit de tomaten en doe het vruchtvlees in een fijne zeef boven een kom. Leg de tomatenschillen in de bakvorm.

5. Voeg het gezeefde tomatenvocht, de gestoofde ui, kaas en zout en peper naar smaak toe aan de kom met de farro. Giet het mengsel in de tomatenschillen. Bedek de tomaten met de gereserveerde toppen.

6. Bak gedurende 20 minuten of tot de tomaten zacht zijn. Serveer warm of op kamertemperatuur.

Romeinse gevulde tomaten

Tomaten Ripieni alla Romana

Voor 6 maaltijden

Dit is een klassiek Romeins gerecht dat meestal als voorgerecht op kamertemperatuur wordt gegeten.

1/4 kopje middelkorrelige rijst zoals Arborio, Carnaroli of Vialone Nano

Zout

6 grote ronde tomaten

4 eetlepels olijfolie

3 ansjovisfilets, fijngehakt

1 klein teentje knoflook, fijngehakt

1/4 kop gehakte verse basilicum

1/4 kopje vers geraspte Parmigiano-Reggiano

1. Kook 1 liter water op hoog vuur. Voeg rijst en 1 theelepel zout toe. Zet het vuur laag en kook gedurende 10 minuten of tot de

rijst gedeeltelijk gaar maar nog steeds erg stevig is. Goed laten uitlekken. Doe de rijst in een grote kom.

2. Plaats het rooster in het midden van de oven. Verwarm de oven voor op 350 ° F. Vet een bakvorm in die groot genoeg is voor de tomaten.

3. Snijd een plakje van een halve centimeter van de bovenkant van de tomaat en zet opzij. Schep met een kleine lepel het binnenste uit de tomaten en doe het vruchtvlees in een fijne zeef boven een kom. Leg de tomatenschillen in de pan.

4. Voeg het gezeefde tomatenvocht en de olie, ansjovis, knoflook, basilicum, kaas en zout naar smaak toe aan een kom met rijst. Goed mengen. Giet het mengsel in de tomatenschillen. Bedek de tomaten met de gereserveerde toppen.

5. Bak gedurende 20 minuten of tot de rijst gaar is. Serveer warm of op kamertemperatuur.

Geroosterde tomaten met balsamicoazijn

Balsamico tomaten

Voor 6 maaltijden

Balsamicoazijn heeft een bijna magische manier om de smaak van groenten te versterken. Probeer dit eenvoudige gerecht eens en serveer het als aperitiefhapje of bij vlees.

8 bostomaatjes

2 eetlepels olijfolie

1 eetlepel balsamicoazijn

Zout en versgemalen zwarte peper

1. Plaats het rooster in het midden van de oven. Verwarm de oven voor op 375 ° F. Vet een bakplaat in die groot genoeg is om de tomaten in een enkele laag te houden.

2. Was en droog de tomaten. Snij de tomaat in de lengte doormidden. Schep de tomatenzaadjes eruit. Leg de tomatenhelften met de snijkant naar boven in de pan. Besprenkel met olie en azijn en bestrooi met zout en peper.

3. Rooster de tomaten gedurende 45 minuten of tot ze zacht zijn. Serveer op kamertemperatuur.

carpaccio van courgette

Carpaccio en Giallo e Verde

Voor 4 porties

Ik at een eenvoudigere versie van deze verfrissende salade voor het eerst thuis bij wijnmakersvrienden in Toscane. Door de jaren heen heb ik het verfraaid met een combinatie van gele en groene courgette en verse munt toegevoegd.

2-3 kleine courgettes, bij voorkeur een mengsel van geel en groen

3 eetlepels vers citroensap

1/3 kopje extra vergine olijfolie

Zout en versgemalen zwarte peper

2 eetlepels fijngehakte verse munt

Ongeveer 2 ons Parmigiano-Reggiano, in 1 stuk

1. Maak de kolven schoon met een borstel onder koud stromend water. Knip de uiteinden af.

2. Snijd de courgette in een keukenmachine of mandoline-snijder heel dun. Doe de plakjes in een middelgrote kom.

3. Klop in een kleine kom het citroensap, de olijfolie en zout en peper naar smaak tot een mengsel. Voeg munt toe. Bestrooi met courgette en meng goed. Schik de plakjes in een ondiepe schaal.

4. Snijd Parmigiano in dunne plakjes met een dunschiller. Verdeel de plakjes over de courgette. Serveer onmiddellijk.

Courgette met knoflook en munt

courgette saus

Voor 8 maaltijden

Courgettes of andere pompoenen, aubergines en wortels kunnen tot zondebok worden gemaakt 'in de stijl van Apicius', een vroeg-Romeinse voedselschrijver. De groenten worden gebakken, gekruid en vervolgens gekoeld. Voor de beste smaak bereid je het minimaal 24 uur voor het serveren.

2 kilo kleine courgette

Plantaardige olie om te frituren

3 eetlepels rode wijnazijn

2 grote teentjes knoflook, fijngehakt

1/4 kopje gehakte verse munt of basilicum

Zout en versgemalen zwarte peper

1. Maak de kolven schoon met een borstel onder koud stromend water. Knip de uiteinden af. Snijd de courgette in plakjes van 1/4 inch.

2. Giet 1 cm olie in een zware diepe pan of brede pan. Verhit de olie op middelhoog vuur tot een klein stukje groente dat in de olie is gevallen, begint te sissen.

3. Droog de plakjes courgette met keukenpapier. Duw voorzichtig ongeveer een kwart van de courgette in de hete olie. Kook tot de randen lichtbruin zijn, ongeveer 3 minuten. Gebruik een schuimspaan om de courgette op keukenpapier te leggen om uit te lekken. Bak de rest op dezelfde manier.

4. Leg de courgette op een bord en besprenkel elke laag met een beetje azijn, knoflook, munt en zout en peper naar smaak. Dek af en zet minimaal 24 uur in de koelkast voordat u het serveert.

bak de courgette

Courgette in Padella

Voor 6 maaltijden

Zo maak je snel een heerlijk bijgerecht met courgette, uien en peterselie.

1 pond kleine courgette

2 eetlepels ongezouten boter

1 kleine ui, zeer fijn gesneden

Zout en versgemalen zwarte peper

3 eetlepels gehakte platte peterselie

1. Maak de kolven schoon met een borstel onder koud stromend water. Knip de uiteinden af. Snijd in plakjes van 1/8 inch.

2. Smelt de boter in een middelgrote pan op middelhoog vuur. Voeg de ui toe en kook tot hij zacht is, ongeveer 5 minuten.

3. Voeg de courgette toe en roer om met een laagje boter. Dek af en kook gedurende 5 minuten, of tot de courgette zacht is als je er met een vork in prikt.

4. Voeg peper en zout naar smaak en peterselie toe en meng goed. Serveer onmiddellijk.

Courgette met prosciutto

Courgette al prosciutto

Voor 4 porties

Deze courgettes zijn lekker als bijgerecht bij kip, maar ook als saus voor warmgekookte penne of andere pasta.

1½ pond kleine courgette

1 middelgrote ui, gehakt

2 eetlepels olijfolie

1 teentje knoflook

¹1/2 theelepel gedroogde marjolein of tijm

Zout en versgemalen zwarte peper

3 dunne plakjes geïmporteerde Italiaanse prosciutto, kruislings in smalle reepjes gesneden

1. Maak de kolven schoon met een borstel onder koud stromend water. Knip de uiteinden af. Snijd de courgette in plakjes van 1/8 inch.

2. Fruit de ui in olie in een grote pan op middelhoog vuur. Kook al roerend tot de ui zacht en goudbruin is, ongeveer 10 minuten. Voeg de knoflook en marjolein toe en kook nog 1 minuut.

3. Courgetteschijfjes en zout en peper naar smaak toevoegen. Kook gedurende 5 minuten.

4. Voeg prosciutto toe en kook tot de courgette gaar is, nog ongeveer 2 minuten. Serveer warm.

Courgette met Parmezaanse kruimels

Courgette alla Parmigiana

Voor 4 porties

Boterachtige, kaasachtige broodkruimels geven smaak aan deze gegratineerde courgette.

1 pond kleine courgette

2 eetlepels ongezouten boter, gesmolten en afgekoeld

2 eetlepels paneermeel, bij voorkeur zelfgemaakt

¼ kopje geraspte Parmigiano-Reggiano

Zout en versgemalen peper

1. Maak de kolven schoon met een borstel onder koud stromend water. Knip de uiteinden af.

2. Plaats het rooster in het midden van de oven. Verwarm de oven voor op 425 ° F. Vet een ovenschaal van 13 x 9 x 2 inch in met boter.

3. Leg de courgetteplakken op de bakplaat en bedek ze een beetje. Meng in een middelgrote kom de boter, het paneermeel, de kaas

en zout en peper naar smaak. Strooi het kruimelmengsel over de courgette.

4. Bak gedurende 30 minuten of tot de kruimels bruin zijn en de courgette zacht is. Serveer warm.

courgette gegratineerd

courgette gegratineerd

Voor 4 tot 6 maaltijden

Als ik aan deze gratin denk, stel ik me voor dat ik hem serveer als onderdeel van een zomers picknickbuffet, met gegrild vlees of vis en diverse salades. Is het warm of koud.

2 middelgrote gele uien, gehakt

2 teentjes knoflook, fijngehakt

4 eetlepels olijfolie

Zout en versgemalen zwarte peper

1 eetlepel gehakte verse tijm, basilicum of oregano

4 kleine courgettes, in plakjes van 1/8 inch gesneden

3 middelgrote ronde tomaten, in dunne plakjes gesneden

1/ kopje geraspte Parmigiano-Reggiano

1. In een middelgrote koekenpan bak je de ui en knoflook in 2 eetlepels olijfolie op middelhoog vuur tot ze goudbruin zijn, ongeveer 10 minuten. Breng op smaak met zout en peper.

2. Plaats het rooster in het midden van de oven. Verwarm de oven voor op 375 ° F. Vet een ovenschaal van 13 x 9 x 2 inch in.

3. Verdeel het uienmengsel gelijkmatig over de bakplaat. Strooi een derde van de tijm over de ui. Schik de courgette en de gesneden tomaten overlappend op de uien. Bestrooi met de overgebleven tijm en zout en peper naar smaak. Besprenkel met de resterende olijfolie.

4. Bak gedurende 40 tot 45 minuten of tot de groenten gaar zijn en de sappen wegborrelen. Bestrooi met kaas en bak tot het licht gesmolten is, nog ongeveer 5 minuten. Laat 10 minuten staan voordat u het serveert.

www.ingramcontent.com/pod-product-compliance
Lightning Source LLC
Chambersburg PA
CBHW071857110526
44591CB00011B/1453